Le chant de la lune

GÉRARD BAKER

2
Le chant de la lune

Beijing

Le chant de la lune

Ce qui donnait déjà une agréable sensation de nouveauté. Ce début de voyage en Asie lui apportait très rapidement une autre dimension, une imprévisible évasion... Et puis, d'un autre côté, la pensée tout à fait européenne, il constatait que si l'on prône dans le monde occidental pour une meilleure alimentation, la lutte contre le surpoids, la bouffe trop grasse ou trop sucrée, que c'était peut-être dans ce pays, que l'on pouvait trouver la réponse à toutes ces questions d'ordre alimentaire. Il se dit aussi qu'il ne fallait pas aller trop vite en établissant des conclusions trop hâtives et les convertir comme des généralités... Mais pour le moment, il commençait à trouver le chemin un peu long sur les rampes de la Grande Muraille. Ils croisaient d'autres personnes qui avaient eu sûrement un mal de chien à monter, car ils s'essuyaient le visage avec des petites serviettes. Cela le consolait un peu et lui prodiguait l'énergie nécessaire à l'effort. Hommes, femmes et enfants, tous semblaient avoir transpiré et étaient tout heureux de redescendre. Certains lui lançaient des clins d'œil, des signes de la main, des *hello*, très encourageants et sympathiques. Dépassé dans l'effort, il continuait à grimper à son rythme laissant Camille aller de l'avant. C'est un charmant paysage à Mutianyu, verdoyant avec cette forêt d'arbres séculaires. Le soleil était blafard ombré par une brume voilant les sommets alentour. La chaleur pesait fort sur les épaules et André sentait l'espace entre son sac à dos et son maillot s'humidifier progressivement.

– Vous pouvez prendre le téléphérique : c'est plus facile. Non ! avait-il répondu, venir ici, c'est trop beau dans une vie, pour ne pas le sentir dans ses veines et dans ses poumons ? Je vois que je ne suis pas le seul à faire des efforts dans cette grimpette, alors, *lets go* !

– Vous avez raison, avait-elle répondu dans un petit souffle.

À ce moment, il avait plongé son regard dans celui de Sun (c'était son prénom chinois), car seuls ceux d'entre eux qui connaissaient ou parlaient un peu le français pouvaient se permettre d'avoir un prénom comme elle : Camilla. C'est comme porter un titre, se créer une personnalité. André avait saisi de suite que chaque Chinois cherchait à atteindre une certaine reconnaissance même insignifiante au milieu de cette puissante nation ; d'avoir le sentiment de briller peut-être un peu sous les étoiles de « l'Empire du Milieu ». Perdu dans ses réflexions, il saisit un instant les cercles des prunelles des yeux sombres, mais rieurs et presque enfantins de Camilla. Cette fraîcheur qui inondait de jeunesse le captiva quelques secondes. Un instant furtif qui lui donna envie de continuer à avancer. Surtout, quand elle se retournait avec un sourire voilé et compatissant en lui demandant si tout allait bien. Elle était la guide et jugeait avec expérience de la peine des autres. Elle devenait la jeune protectrice. André s'en rendit compte dès le premier jour : dans ce pays, le rôle de chacun des habitants était important et pouvait agir singulièrement sur l'existence des autres concitoyens.

Il en oubliait maintenant la cohue infernale de l'aéroport de Pékin où il essayait de se frayer un passage dans la foule pour accéder aux différents contrôles et la prise des bagages. Ce flux n'avait pas cessé au-dehors entre taxis et bus qui attendaient les arrivants. Il avait vu cette jeune fille trop petite à son goût qui se tenait les bras levés au-dessus d'une haie de gens, brandissant une pancarte, avec son nom écrit en bleu. Elle donnait une grandeur symbolique à l'accueil malgré sa petite taille de gamine. Quand elle s'est présentée, André avait perçu un gazouillis d'oiseau au milieu du bruit infernal de la foule. À peine audible, elle avait décliné son prénom, mais le contact étant établi rapidement, le charme et l'enthousiasme de Camilla avaient fait le reste. « Enfin les pieds sur le sol de la Chine », avait-il murmuré en suivant de près Camilla vers la voiture qui attendait. Le bonheur, c'est un instant que l'on décide à l'avance sûrement inconsciemment dans son esprit et quand il arrive c'est vraiment débordant. Aller à l'hôtel ne fut qu'une simple formalité. André prit connaissance de sa chambre et ils se donnèrent rendez-vous pour le lendemain pour visiter le lieu mythique de la Chine : la grande muraille. Le style d'ameublement de la chambre mêlant le mandarin ancien et l'art moderne finit par l'émouvoir. Un endroit coquet et décoré éclairé par des lampes diaphanes au milieu de petits meubles en bois de santal. Il y avait bien dormi. Ce matin était bien avancé, la chaleur était de plus en plus conséquente quand ils franchirent les dernières marches de la première tour. André contempla ce spectacle grandiose et fut très étonné de ne pas en apercevoir le bout malgré le point de vue, ni sur sa gauche ni sur sa droite. Les collines se perdaient comme dans un fondu photographique. André reprenait sa respiration, il était inondé de sueur, il tentait de récupérer ses esprits. Son envie de savourer ce moment, de méditer était freinée par la chaleur lourde qui empêchait le recueillement souhaité. Le visage dégoulinant, il essayait en vain de s'approprier une part de l'enchantement propre à tout individu qui se retrouve un jour sur la Grande Muraille. Les yeux embués par l'effort, il continuait sa progression vers des tours plus hautes comme pour attraper le ciel. « Puisque l'on voit cet édifice depuis les vaisseaux spatiaux », Camilla ne semblait pas comprendre ce besoin. Pour elle, ce parcours n'était qu'une ballade, un travail bien ordonné, elle le faisait plusieurs fois par mois ou par semaine. Pour ralentir la marche, malicieusement, il demandait à Camilla de filmer et de le photographier. Elle le faisait, se prêtait au jeu de se faire filmer aussi avec un grand naturel. Ce qui surprit André habitué à fréquenter des gens plus rétifs, moins partageurs.

– Nous sommes arrivés à la tour n° six…
– La plus haute ? Celle que l'on voit au loin vers le côté droit c'est la onze donc ?
– Oui, c'est bien elle. Voulez-vous aller jusqu'à cet endroit ?
– Bien sûr !

Il se ressentait un peu plus gaillard. Mais les marches pavées réduites en hauteur ne rendaient pas facile la progression. André surmontait maintenant les obstacles sans trop de complications.

– Elles devaient permettre aux chevaux de parcourir toute la Muraille accompagnée des gardes et des guerriers, lui expliquait Camilla.

– Surtout les vieux chevaux comme moi. Il en riait. Elle rétorqua.

– Vous n'êtes pas vieux !

André continua de rire et elle aussi. C'était pour André, une façon d'oublier les efforts consentis. Ce n'était pas infranchissable, mais cela demandait une certaine tonicité.

Les échanges de photos entre les visiteurs, les politesses qui en suivirent d'une tour à l'autre permettaient de faire des pauses pour récupérer. La dernière tour fut atteinte sans trop de mal. Alors ils se mirent assis sur un muret près de l'entrée. André contemplait ce grand serpentin de pierres grandiose. Des grappes de gens circulaient sur cette grande colonne vertébrale. On aurait cru voir des centaines de bestioles sur un grand arbre mort. Camilla était assise sur le même bloc rocheux que lui. Elle observait en silence derrière ses lunettes de soleil, le même spectacle que lui. Elle était prête, semblait-il, à répondre à une quelconque question. Mais André restait, muet, la bouche ouverte pour mieux respirer cette impression d'espace, cette image monumentale et unique. Il en tirait une certaine fierté. Il trouvait sa condition humaine dans cet univers, un peu plus aisée que certains. Adossé à ce mur millénaire, il perdait aussi une grande partie de son humilité. Se retrouver un jour dans cette vallée, lui, assis sur la célèbre Muraille, ce n'était pas donné à tout le monde !

Combien en ont rêvé ou en rêvent encore ? Mais dans ce bas monde, combien s'en foutent ! Camilla attendait un mot et lui attendait qu'elle parle, mais rien ne sortait de leurs bouches. Fallait-il gâcher ce moment par une directive ou par une question saugrenue ? Un moment d'éternité se gravait dans son esprit. André ne sut combien de temps cela durerait, mais il avait bien rempli son cerveau d'images inoubliables. Il regardait ces groupes de gens qui montaient à l'assaut des remparts. Camilla souriait, et sa voix déchira lentement le silence aérien.

– L'édifice fut commencé, il y a environ, 400 avant Jésus-Christ, sous les Royaumes des Combattants pour lutter contre les invasions barbares depuis, il fut restauré plusieurs fois...

André ne réagit pas tout de suite comme pour ne pas interrompre spontanément ce moment d'extase et de méditation, ce regard sur le monde antique, et pour éviter de retomber trop vite dans ce monde moderne écrasant de dureté, de brutalité, pour retarder de reprendre la sombre réalité d'aujourd'hui en pleine face. À cet instant, il avait du mal à accepter que cette fille pouvait le déranger. Mais, très vite, il revint dans le bon sens en s'excusant ne pas l'avoir écouté. Elle ne comprenait pas pourquoi, il se justifiait. Elle restait à côté de lui, comme respecter cette relation d'homme et de jeune fille. Elle soupira et continua le monologue.

– Nous sommes à la tour n° 10. Voulez-vous continuer ?

– D'ici, la vue est splendide, et je pense que nous avons fait un bon bout de chemin, je commence seulement à ressentir cette magie qui existe entre l'homme et l'espace. Ici, c'est émouvant de savoir que des gens sont morts pour construire peut-être de l'éternel et ont laissé derrière eux un patrimoine gigantesque et fabuleux. Une trace de sang et de sueur de chacun de ces êtres est imprégnée dans chacune de ces pierres.

– Oui, la Muraille est classée au patrimoine mondial par l'UNESCO depuis mille neuf cent quatre-vingt-sept...

– D'accord ! Mais je pensais que cela était fait depuis très longtemps... Puis, en reprenant son souffle... Bon, on va redescendre, je crois avoir suffisamment senti cet endroit, cette immensité qui m'échappe encore comme un ruban flottant au vent... comme un long fil de cerf-volant !

La fatigue de la montée s'évanouissait dans ses veines, dans ses muscles. André souriait à nouveau. Alors il oublia ce qu'il croyait être de l'impatience de la part de Camilla ou de l'intolérance de sa propre part. André conciliant résumait dans son esprit en quelque sorte la pensée chinoise du yin et du yang. Est-ce que cette pensée pouvait encore exister dans le quotidien, dans les actes de la vie courante ? Cet équilibre entre ces deux oppositions qui tout en étant contradictoire, forme une relation positive dans la source et la base de la vie chinoise. André se dit qu'il devrait à partir de maintenant éprouver cette théorie qui en valait bien d'autres. C'était symbolique et Camilla apportait une première expérience active de cette pensée. Sans se rendre compte de cet état, ils marchaient côte à côte. Elles, la jeune asiatique brillante, lui, le vieil homme occidental pensif, marchaient sur le même sentier et dans le même sens. Pourtant ni l'un ni l'autre de ces êtres n'avait les mêmes raisons de le faire et le même but.

– Ni hao ! André répondait avec entrain aux gens qui les saluaient. Camilla gardait son jeune teint effacé, sans expression comme si rien ne la touchait davantage. Elle descendait allégrement les marches une à une. Elle guettait si André suivait et calmement reprenait la descente. Pour André, ces premières journées de touriste passaient trop vite. Les visites au pas de course dans certains sites, l'agaçaient. Mais, il comprenait au fil des jours qu'il fallait avancer s'il voulait visiter un maximum de la ville de Pékin. Alors, il s'était pris au jeu et suivait Camilla comme un petit chien. La veille, ils avaient visité la Cité interdite, la place Tian An Men et le Palais de l'Été.

Ils avaient discuté à l'ombre des arbres qui bordent le lac, et avaient regardé les bateaux le traverser entravant l'eau silencieusement comme dans un film muet.

Elle avait demandé tout simplement ;
– Pourquoi êtes-vous seul pour ce grand voyage ? Puis… – Avez-vous une compagne dans la vie ?
– C'est la vie, on voudrait ne pas être seul, mais on l'est toujours. J'ai fait le choix d'aller seul en Chine pour les raisons suivantes : je ne pourrais pas discuter avec toi comme aujourd'hui et tu ne me poserais pas la question et je me serais probablement ennuyé ?

Il avait répondu machinalement en guise de boutade, avec une note de séduction.

Elle avait pris des photos et achetait des cartes postales.

Le matin même au restaurant, ils avaient mangé des cocons de soie parfumés et grillés et dégusté les meilleures nouilles de la capitale. Elle avait ri quand les baguettes dans la main d'André, elles refusaient de prendre les aliments et les nouilles tombaient à côté sur la table, à côté du bol ou de sa bouche. Mais André refusait de prendre une cuiller en porcelaine et essayait d'attraper les précieux légumes avec conviction. Une maîtrise difficile, tout le monde dans les restaurants était censé savoir manger avec les baguettes : *kuaizi*.

Ils étaient accompagnés du chauffeur, un homme corpulent un peu grassouillet, mais très complaisant. Très peu à l'aise dans les circuits de groupe, André avait demandé de visiter les endroits les plus importants avec une organisation personnalisée et il ne le regrettait pas. Camilla sortait des trésors de bonté pour que ce circuit soit sans conteste une réussite et que le Français se retrouve dans des conditions très sereines et appréciables. Elle gardait un sourire constant et amusé. Cela le ravissait. Elle parlait et André écoutait son gazouillis avec enchantement.

On lui avait raconté précédemment que le sourire ou le rire d'un Chinois n'avait pas toujours une signification fondée sur l'amusement et serait plutôt dans une certaine mesure une sorte de défense contre les importuns, un rituel tout en grimaces peu engageantes et parfois moqueuses. Difficile d'en analyser tous les aspects. Surtout ne pas chercher dans les yeux de son adversaire l'hilarant affrontement. Mais, il avait remarqué que les petites disputes entre Chinois avaient bien le ton souhaité (malgré son ignorance de la langue) qu'elles ne prêtaient pas à sourire ou pour ironiser. Hauts cris, forts et gestes guerriers pour intimider, voir menacer.

Certes, il venait découvrir cet immense pays, immense surtout par sa superficie. Il en jugeait parfaitement la démesure et le potentiel humain. Le mouvement des foules multicolores, parfois bruyantes et parfois solennelles le remplissait d'une espèce de volupté liée aux contacts frôlant des personnes qu'il croisait dans divers endroits. Dans la rue et dans l'hôtel, il ressentait une sécurité tranquille comme si sa place était là, parmi cette population. À aucun moment, il ne craignait pour lui-même. « Aucune agressivité », disait-il. Seulement un monde en marche. Pourtant pendant ces journées, il s'était trouvé bien seul comme étranger au milieu de tous ces badauds marcheurs. Il avait rencontré sur son chemin que de très rares Occidentaux ! Très peu ! Quelques-uns y gravitent, mais très peu en nombres sur cette vaste étendue. La Chine, se dit-il, reste encore à découvrir pour beaucoup d'Occidentaux ! Sur le bord de la route vers La Grande Muraille à l'arrière du véhicule, il percevait un peu les habitants qui font et qui vivent la Chine d'aujourd'hui. Ces hommes et ces femmes sur leurs vélos ou dans leur camion, autos, avec leur chargement petit ou énorme en déséquilibre, roulant, poussant et pédalant devaient se diriger dans un même sens et vers un seul but : se faire une petite place dans ce grand fourmillement humain.

Il avait remarqué que des gens balayaient le bord des routes, perdus dans la nature loin de toute habitation. Chacun à son travail et qu'il soit bien fait ! Une conscience et une culture socialement bien établie.

Ils étaient passés devant le stade principal en construction, celui qui devait abriter les prochains Jeux olympiques. On l'appelle « le nid d'oiseau », car la structure formée de grosses barres métalliques entrelacées y faisait penser. Un enchevêtrement d'acier prêt à vibrer aux exploits sportifs mondiaux. Camilla l'avait sorti de son murmure intérieur pour lui montrer du doigt cet imposant édifice. Il avait admiré quelques minutes l'ouvrage orgueilleux et important. Il savait que toute la planète aurait le regard posé sur cet assemblage pendant l'évènement, le symbole émergeant de terre de tout un peuple, d'une nation. Au milieu d'un concert de klaxon, le chauffeur se frayait un passage dans le flot des voitures et des vélos. André regrettait que l'on ne puisse pas s'arrêter pour prendre une photo, l'approche de l'œuvre étant interdite. On peut le comprendre... et le but de son voyage en Chine semblait plus profond pour André qui sans dédaigner le côté médiatique et sportif préférait regarder à travers le décor. Les buildings avec leurs petites fenêtres, souvent grillagées, alignés le long des routes, ces constructions devaient cacher d'autres secrets plus mystérieux ? Certaines, habillées de toiles vertes, attendaient pour montrer leurs allures géométriques, leurs façades gigantesques. Ces habitants confinés dans ces petits appartements de poche, que pensaient-ils de leur propre vie ? Lui, l'Européen, comment serait-il pour vivre confortablement dans cette mégapole ?

Car il avait cet espoir, celui de vivre ailleurs, de connaître d'autres cultures, de voir d'autres femmes, d'hommes, de manger et de dormir autrement. Il avait lu les livres de cette Française : Fabienne Verdier entre autres celui de *la passagère du silence*. Et il avait été conquis par son histoire. Mais surtout cette passion qu'elle avait pour la calligraphie et l'art pictural et qui l'avait poussé à dépasser les frontières géographiques du savoir. Ce roman avait touché André à l'extrême. Dans le Sichuan, loin là-bas, comment s'était-elle animée de cette soif de cet énorme besoin d'apprendre : un grain de folie pour certains et une extraordinaire destinée pour d'autres ? Mais, pourquoi ressentir cette soudaine passion pour la Chine, cette lumière dans sa vie ? Quelles en étaient les raisons ? Qu'était-il donc venu chercher dans ce pays ? Autre chose ? Ça, il en était sûr, de cette autre chose, bien plus grande que le classique voyage touristique très commun avec les images de monsieur tout le monde. Il voulait éteindre cette soif de découvertes, de voir, d'entendre. Une autre dimension peut-être ? Seuls les grands hommes ont touché ou palpé cette forme d'idéal !

« Je me contenterais de vivre cette sublime et merveilleuse aventure. C'est mon intuition. Je suis convaincu depuis longtemps de cette prédilection qui n'appartient qu'à moi seul et qu'elle doit arriver à son essor. Je ne suis pas armé contre cette éventualité, mais je vais droit devant moi vers cette force inconnue. Est-ce que des gens ont déjà ressenti cette vibration cosmique ? Je crois que le terrain est propice à toutes sortes de rencontres magnifiques et bienheureuses. Alors, allons-y, conduisez-moi au nirvana de ma vie. »

« Introverti, intuitive, feeling, judger ». Je suis peut-être cela ? Je me trouve bizarrement prétentieux !

Il appelait Camilla « la petite princesse ». D'ailleurs, elle avait accepté sans sourciller ce surnom provisoire comme une gentillesse de la part de cet homme au langage poétique. Quand elle ne trouvait pas ses mots pour expliquer le fil conducteur important, il l'aidait dans son discours et elle lui souriait, ravie de trouver le bon mot bien à sa place. André avait auparavant appris beaucoup sur la Chine avant d'y mettre les pieds. Cela l'avantageait !

On lui avait dit parmi ses relations qu'il était fou pour s'aventurer seul dans ce pays pas très recommandé sans connaître les rudiments de cette langue incompréhensive. Il fallait qu'il se méfie selon leurs dires, de ces Asiatiques, qui mangent de toutes sortes de viandes d'animaux et même domestiques. Il devait affronter leur méfiance vis-à-vis des Occidentaux. Il faut être complètement inconscient pour partir vers la ville de Pékin, si polluée, si peu sécurisante.

Il avait répondu, laconique et amusé qu'il voulût suivre les traces et marcher dans les pas de Marco Polo. Et en guise de boutade, il s'acclamait, « mais pas aussi longtemps que cet explorateur, je ne suivrais pas la route de la soie. » Ce n'est pas mon but.

« Tout ce monde moderne occidental se plaint, nanti de choses et de matériel sophistiqués, d'abondance et de richesses trop souvent mal ou très peu partagées. Je vais voir ailleurs, dans d'autres régions du globe comment on distribue tous les biens de la terre. Après tout, trop de monde, trop de petites gens regardent leur nombril, le centre d'eux même, la trace du lien de leur naissance et ne daigne pas jeter un seul regard sur leur voisin de prés et même de loin. Si cela leur arrive, c'est souvent par jalousie et par envie de posséder plus que l'autre. Aujourd'hui et dans un avenir prochain, il faudra changer ses mentalités terre à terre... » « J'en suis convaincu, mais je ne suis pas cette puissance capable de renverser le concept actuel « Aux grands hommes, les grands remèdes... »

« Je vais savoir à quoi ressemblent ce Péril jaune, cette curieuse prophétie. Ma mère en parler souvent comme une guerre irréversible entre les Occidentaux et les Asiatiques.

Elle disait :
– Vous verrez, ils viendront faire boire leurs chevaux jusqu'au bord du Rhin... et là, l'Europe tout entière va trembler... On me l'a dit quand j'étais jeune... Ça sera pire qu'avec les boches et on en mangera du riz... Vous, les enfants, vous ne le verrez peut-être pas, mais vos descendants... »
Fallait-il craindre cette évasion en ce début de siècle ?

André en doutait fortement, cela lui semblait presque invraisemblable.

Débordé par ses pensées et le souvenir des phrases toutes faites que sa mère lançait à la cantonade lors de dîners ou de réunions, il ne s'était pas aperçu que Camilla et lui-même se retrouvaient sur le parking du bas de la Grande Muraille. Ils avaient évité en trottinant rapidement presque tous les marchands dans la descente sauf un où il avait acheté une casquette noire. Sur celle-ci, on pouvait lire : Great Wall. 长城

Égaré, l'esprit ailleurs coincé entre deux univers, celui qu'il avait imaginé aux dires des uns et des autres avant son voyage et le réel celui qu'il vivait maintenant. Il regrettait un moment d'avoir écouté les histoires de ces vieux et de ces vieilles. Sa mère n'avait fait dans sa vie qu'un seul voyage en avion. Mais c'était une autre époque bien sûr. Que pouvait-elle bien connaître de ces peuples ?

Il se disait émerveillé par sa démarche dans ce domaine antique pendant que Camilla assise plissait ses cheveux dans ses mains. Faut-il se résoudre toujours à suivre la raison qu'on appelle la sagesse des anciens ? Dans certains cas peut-être... Il n'en était pas vraiment persuadé. Grand-papa, lui-même, il se sentait incapable de donner son savoir ou son expérience à cette jeunesse d'aujourd'hui ?

Camilla le laissait prendre un peu de repos. Le chauffeur le félicita d'avoir fait tout ce chemin. Camilla traduisait toujours en français avec cet accent pinyin et ce petit chant d'oiseau. Les liens se resserraient entre les trois personnages. Le chauffeur Yao reprit le chemin du retour vers Pékin dans cette vallée verdoyante, parmi les cultures potagères et les plantes aromatiques. Le ciel restait sombre, voilé par cette couche de brume filtrant avec peine les rayons du soleil.

Ils s'arrêtèrent dans un grand restaurant toujours aussi bruyant que les autres et André devait manger seul selon les ordres de l'agence de voyages. Camilla et le chauffeur devaient s'attabler dans un autre coin de la grande salle. André en fut désappointé. Il réclama sans attendre un autre traitement pour ses accompagnateurs. Il avait dit qu'il en supporterait les frais s'il le fallait. L'affaire fut arrangée rapidement l'après-midi. Camilla une nouvelle fois n'avait pas compris. Pour elle et par respect d'un contrat, le client devait prendre, un repas digne de l'agence. Un repas avec du riz, des légumes, des viandes, du thé à volonté, de la bière. Tout cela était sans ambiguïté. Mais, le Français avait bouleversé l'insignifiant protocole proposé. Le chauffeur riait de bon cœur. Il était satisfait du résultat. Pour cela, Camilla avait téléphoné à l'agence pour demander la permission d'accompagner André.

Il avait contrarié et mené une opposition qu'il jugeait tout à fait légitime.

Le yin et le yang, cette pensée positive lui revenait sans cesse dans la tête comme une idée parfaite motivée par un sentiment d'attachement. Sun, la neige (Camilla), n'avait pas protesté, mais simplement regardé intensément cet homme de bonté intérieure. Tout cela sans expression notoire sur son visage marqué par une grande indifférence.

– Je n'oublie pas... le sourire de la concubine impériale ! Petite princesse.

– Oui, ce thé noir !

– Vous avez donc des réponses pour ces choses, merci.

– Le yin et le yang, alors ?

Elle souriait maintenant de bon cœur. En effet, la veille, elle avait emporté une sorte de gourde transparente avec du thé où y baignaient des fleurs roses et qu'elle tenait à la main à l'aide d'une petite anse. Elle avait expliqué que tout en étant désaltérant, ce breuvage avait d'autres vertus encore plus avantageuses surtout pour le teint et la digestion. Et connu sous le nom du « sourire de la concubine impériale. »

André l'avait interrogé.

– La concubine ?

Elle avait évincé la dernière interrogation.

– Vous savez, ce concept du yin et du yang n'est plus guère appliqué par les jeunes. Seuls les anciens et les sages... Comment vous dire en Français ? Les vieux mandarins peuvent encore faire une analyse logique de ce qui en transparaît physiquement et mentalement.

– Ha ! Je comprends, ce monde deviendrait-il moins poétique ? Peut-être plus averti, plus sommaire ?

Camilla s'était contentée d'incliner la tête de l'avant comme pour éluder la question, ne pas répondre à la pertinence de cet homme et aussi défendre l'opinion ancrée dans la tête des jeunes qu'elle représentait d'une certaine manière de par son métier de contact. Elle communiquait avec discrétion et donnait avec simplicité des détails bien mesurés de l'ensemble des sites visités sans sortir du bon sens aiguillé. André avait remarqué de suite cette exactitude dans le dialogue. Rien ne dépassait de l'axe tracé, juste le bon à savoir pour un touriste. Il s'en moquait un peu, il n'était pas venu dans ce pays pour faire de la recherche politique ni pour en faire. D'ailleurs, il n'avait jamais adhéré à aucun parti que ce soit ni à aucun syndicat ouvrier. Sans aucune étiquette, il était devenu athée par conviction, mais il ne refuserait pas une religion si celle-ci correspondait à ces attentes spirituelles. Plutôt que de s'enfermer dans l'idéal d'une confrérie créée par les hommes pour les hommes, il voulait pratiquer en solitaire une sorte de parcours personnel sur cette terre. Trouver si possible une identité sur mesure sans troubler autrui, en prendre conscience en allant à la rencontre de soi. Mais à la rencontre des trois principales religions, qui existe en Chine ne l'intéressait pas, cela lui suffisait de savoir qu'elles sont présentes. Un état d'esprit le rendait un peu révolutionnaire et presque marginal aux yeux de certains conformistes. Il se plaisait ainsi et n'avait nulle envie d'en changer. Il contestait certaines méthodes de travail, mais sans plus de débordement. Il triomphait aujourd'hui, il commençait seulement à comprendre pourquoi il ne se trouvait pas trop bien avec les autres, que ce soit au sein de l'entreprise ou dans la vie de tous les jours. Il ne s'était jamais plaint au sujet de leur curieuse analyse sur la vie sociale en général. Il restait souvent indifférent aux discours de chacun d'eux et avait beaucoup de mal à se faire des amis. Il avait le sentiment de ne pas vraiment les comprendre tout à fait, tolérant, il acceptait leurs dires. Dans chaque individu, une part de vrai, c'est le naturel et une part d'instinct, c'est l'inconscient.

Ces fréquentations n'avaient jamais été à la hauteur de ce qu'il attendait, même avec les femmes. Divorcé, il avait sauvé l'essentiel en gardant l'amour pour ses enfants, qui le lui rendaient bien. Les femmes n'avaient jamais réussi à dompter ce phénomène et perdaient petit à petit leur légitimité. Il avait beaucoup lutté contre le scepticisme de ces collaborateurs et contre les jalousies intestines non parce qu'il était bien placé dans une certaine hiérarchie (il était resté longtemps en bas de l'échelle), mais parce qu'on n'acceptait pas ses idées tapageuses et réformatrices, mais bien souvent plus tard, on lui avait donné tout à fait raison. (De quoi peut-il bien se mêler ce petit ouvrier sans bagages ?) Mais ses convictions dans le combat pour un monde meilleur s'étaient renforcées. Aujourd'hui, la retraite a sonné et depuis quelques années, il écrivait, des poèmes, des nouvelles et il avait même publié un roman, *les chemins de l'oubli*, sans trop se remplir d'orgueil, c'était sa fierté, une revanche sur les déboires d'une vie bien maigre en bonheurs.

On l'avait remercié comme bien d'autres après de longues années de travail.

– D'ailleurs, l'entreprise est sur le déclin, avait-il dit en serrant la main du Directeur des recherches humaines.

– « Encore une de vos turpitudes ! »

Mais c'est peut-être une bonne chose ! Histoire de recaler le film de sa vie, il entreprend d'étudier de nouveau, de lire, de s'instruire de nouvelles connaissances, de revenir à l'étape première où il avait passé ses études sans encombre, et même avec brio. Pas de grandes écoles, mais une base indémontable qui lui permettait de surpasser toutes les épreuves dans le monde ingrat du travail. Avec conviction, il s'instruisait avec entrain depuis plusieurs années non pas pour rattraper le temps perdu, mais pour asseoir une certaine dignité toute personnelle.

Et puis cette envie de voyager, de voir le monde. Pourquoi pas l'Asie, ce continent, où il n'avait jamais mis les pieds ? Pendant des mois, il prépara ce périple. Tout a commencé par une chemise cartonnée jaune pour donner le ton et sur laquelle il avait écrit les lettres — Chine — au crayon-feutre bleu. Un dossier bien en vue et cette envie de partir. Un détour par la Malaisie et ensuite la Chine populaire. Alors, son imagination vagabonde sera-t-elle bien fertile ? Cette Chine mystérieuse, avec son histoire plus que millénaire comment l'aborder ?

Pendant longtemps, il avait réfléchi, cherchant la manière, la façon plus objective, possible pour que le voyage soit le plus excitant possible. Mais dans ce pays multiculturel, les choix ne manquent pas, c'est un réservoir de paysages et de beautés terrestres. Pékin (Beijing). Oui, bien sûr, mais après peut-être Chongqing dans la province du Sichuan, Shanghai, Guangzhou. Toutes ces grandes villes ainsi que Hangzhou avec son lac ou dans Le Yunnan une province truffée de sites historiques ou encore Nanjing... Pourquoi pas Hongkong ou Macao ? Toutes les possibilités étaient envisageables. En terre inconnue, il fallait trouver le meilleur, la culture, les paysages, la gastronomie, de quoi s'offrir une belle aventure. Car un voyage en Chine reste encore une grande expérience humaine encore de nos jours même si le tourisme s'élargit un peu plus en vue des joutes olympiques. André en était conscient et jouait cette carte de l'aventure avec une grande confiance. Ce qu'il ne voulait pas, c'était revenir avec cette carte postale de la Cité interdite et de la place Tiananmen sur fond de Monument aux héros du Peuple et du mausolée du Président Mao. Certes, il ne voulait en aucun cas contourner les classiques du tourisme de Pékin. Cette grande ville, cette capitale pleine d'histoire et de mémoires. Ce qu'il souhaitait de tout cœur avant tout s'enfoncer dans les campagnes, dans les rues, marcher sur les trottoirs, se remplir les yeux des habitations, des jardins, des temples. Mais aussi s'imprégner de tous les gestes, écouter leurs voix, leurs musiques, échanger des sourires, des regards de femmes et d'hommes, des cris d'enfants. D'avoir le plaisir d'acheter des provisions dans les marchés et d'échanger avec les marchands... Respirer ce peuple. ! Comment s'intégrer dans ce milieu qui paraît si inaccessible ? Rien que pour en parler la langue, c'est déjà un infini challenge. Peut-être qu'en entrant chez l'habitant ou bien faisant connaissance avec eux, dans leur famille, avec les citadins et les gens du peuple, il pourrait avoir le sentiment d'exister un peu avec eux ?

En quelque sorte, Camilla, cette femme enfant était une porte de service, une petite ouverture, laissant paraître et distiller un peu de la culture et des coutumes sans s'égarer. Ce n'était certes pas suffisant et André cherchait parfois en posant des questions insidieuses, à en savoir plus de ce que pensaient les Chinois et les Chinoises sur leur sort dans ce début de siècle, dans cette année astrologique du Cochon. Il aurait voulu entrer dans leur cuisine, dans leur chambre à coucher, dans les hôpitaux, dans les collèges, les universités, dans les usines. Curieux de tout, voyeur peut-être ? Il n'y avait dans son esprit aucun but politique ni social, mais l'envie d'interpréter le côté humain, se faire des amis. Rien que cela... Un voyage en profondeur dans cette civilisation millénaire, mais aussi un voyage à l'intérieur de lui-même. Et cela, il avait du mal à en comprendre la raison majeure, son entêtement à continuer le chemin qu'il empruntait, de vouloir tout prendre en compte sans savoir où cela allait le mener. « Bon maintenant, je ne sais pas où je vais : mais... allons ! »

Camilla avait commandé un pousse-pousse cycle et elle invita André à monter à côté d'elle dans le véhicule drapé de tissu rouge vif et de jaune. Un conducteur pédalait, il suait à grosses gouttes. La chaleur était dense et le moindre effort se ressentait. Il roulait à bonne allure dans les ruelles parmi les « *Hutongs* » de Pékin, ces petites maisons anciennes sauvées de la démolition. La rénovation était active et les ruelles étaient bordées de matériaux de toutes sortes en vue de la réfection. Les grands buildings remplaçaient ces vieilles constructions. Les habitants de ce quartier étaient relogés dans des appartements dans d'immenses immeubles et dans d'autres lieux très éloignés du centre-ville et personne n'osait se plaindre. Ce patrimoine chargé d'histoire disparaissait au nom de la démographie et André ne pouvait que constater cette destruction massive. Chaque maison qui s'écroulait sous les dents des bulldozers, c'était la mémoire et l'histoire de l'habitant qui s'évanouissait. Ils s'arrêtèrent devant des demeures épargnées, de maîtres anciens, princiers et admiraient les portes décorées et les statues : des lions en pierre avec des griffes énormes gardant l'entrée. Camilla expliquait la valorisation de ses maisons planquées dans ces étroits passages où vivaient encore quelques Pékinois. Impossible de pénétrer dans ces enclaves Gong Fù. Mais que se passait-il derrière ces murs et ces portes ? Il sentait que la femme enfant « la petite princesse » n'était pas à l'aise quand André insista en donnant l'ordre de stopper. Il voulait savoir si l'on pouvait lui faire visiter l'intérieur d'une maison.

Elle avait seulement répondu :
– Les gens ne veulent pas !
– Et si je leur demande par votre voix ?
– Vous n'avez aucune chance...
– Ce n'est quand même pas risqué ?
– Non, mais je veux rester en bon terme avec eux.

Frustré, André n'avait pas répliqué. Fallait-il en provoquer une dissension ? Il pensa que peut-être que plus tard, il aurait l'occasion de revenir avec un taxi et de payer pour en voir plus. Le conducteur pédalait du creux des pieds, mais ardemment. Il naviguait entre les ouvriers, les joueurs de mah-jong, les gravats et les quelques véhicules qui s'engageaient dans ces réduits. Les pieds chaussés dans des pantoufles traditionnelles noires, jambes arquées, il pédalait vite. Il laissait à peine le temps, à André d'apercevoir le devant des portes entrouvertes et le derrière des fenêtres ombrées où se cachaient leur cour carrée, un endroit de vie. André ne voulait en aucun cas faire perdre la face à « la petite princesse » et moins encore d'être qualifié de diable, offenseur. Il voulait conserver ce profil du touriste simple, digne et conciliant. Malgré tout, il avait ce sentiment que l'on voulait lui cacher, des choses ou omettre de lui en parler.

Il demanda à la « princesse » de pouvoir déambuler dans cet endroit en marchant avec elle et elle avait accepté.

Le seul moyen d'épier, pour lui, c'était de ralentir le pas à chaque occasion et de jeter un regard indiscret dans certains couloirs sombres et réduits. Il avait aussi pris instinctivement la manie d'entrer dans les petites impasses sans prévenir son guide et faire semblant se tromper à la vue de son ange gardien. Mais ce petit jeu était peu affolant et sournois d'une certaine façon. Que de commerces, que de vendeurs entremêlés d'ancien et de modernité ! Un labyrinthe merveilleux qui enchantait le french ! Après avoir payé un bon pourboire, ils avaient quitté le pousse-pousse, à sa demande, ils trottaient encore dans les vieux quartiers. Ils traversèrent la grande et large rue de Xinjiekouwaï Daije en courant pendant le court répit que laissent les voitures aux piétons pour investir la chaussée. Mais ses yeux se portaient aussi sur le charme quasi permanent des femmes et des filles pékinoises qui le croisaient. Elles exultaient avec une fluidité sans pareil, ce mélange de parfum exotique et typique aux senteurs asiatiques, avec dans leurs yeux un regard un peu perdu, tourné vers une direction secrète. Céleste peut-être ?

Quel est leur espace, l'objet de leur pensée, quand elles marchent, pédalent sur leur vélo ou font leurs courses au volant de leur voiture ? Quel est l'espoir de chacune d'entre elles dans cette vie ? Au détour d'une ruelle, il avait remarqué cette femme qui se cachait derrière un étalage de théières et de bols. Il aurait sûrement acheté le magasin entier, tellement il la trouvait extrêmement belle. Mais, plus loin, il croisa une autre femme aussi jolie avec cet aspect de peau si fine qu'on l'aurait cru dessinée par des crayons de velours. Il avait envie de leur demander : que faites-vous de cette beauté ? Et cette autre en jeans, petites fesses, joli minois et nattes puis, celle-là coiffée de son petit chapeau violine toute pleine de tendresse et encore cette femme mélancolique avec cette jupe un peu mini, corsage serré au corps, et volubile, sexy. André recevait des regards d'interrogation et qui semblaient dire : cet Occidental avec cette jeune fille ? Cela pourrait être indécent ? Mais aucun rire ni moquerie... Rien ne semblait préoccuper tous ces passants qu'ils croisaient. Même cette vieille dame courbée réclamant l'aumône que Camilla évita par des sauts de côté. Elle s'accrochait aux Basques des deux promeneurs. Alors, André lui donna un yuan.

André se rassurait un peu chaque jour. Camilla, plus ouverte, mais toujours professionnelle, déroutée par cet homme bien dans sa peau gardait un calme imperturbable. Aussi, avait-elle remarqué l'attirance de son client vers la gent féminine chinoise ? Alors, elle lui avait demandé sans détour :

– vous aimez mon pays ?

– Oui maintenant que j'y suis, je l'apprécie beaucoup, ma chère Sun !

– Et comment trouvez-vous les Chinoises,

– Charmantes, tout comme toi ! Depuis le début, il l'avait tutoyé.

– Merci, beaucoup !

Elle avait remis sa capeline de dentelle de nouveau sur ces cheveux et continua de gambiller comme à son habitude. André la suivait avec le même entrain. Un vendeur lui proposa des cœurs de lotus. Elle refusa, elle n'était pas sûre de la qualité. De nouveau, elle le protégea contre tous les vices gastronomiques que vous offre la capitale avec plus de fermeté encore. Lui, il aurait aimé savoir comment on mangeait les graines. Elles étaient extraites du lac Beihai. Des calices verts avec la tige et à l'intérieur des graines qu'il fallait décortiquer de leur enveloppe. Une sorte de haricot comestible et pas désagréable à croquer dans la bouche.

– Quels sont vos plus grands centres d'intérêt ?

Elle l'avait surpris par la question subite dans ce décor qui ne demandait aucune réflexion. On aurait presque envie de s'asseoir le long des quais et se laisser bercer à la rêverie surtout après toutes ces visites au pas de course. Éloigné de l'agitation permanente des grands axes du centre-ville, André goûtait un moment de relâchement tout à fait justifié. Il réfléchit, un instant avant de répondre.

– Tu veux dire ici à Pékin ?

– Bien sûr, mais aussi dans votre vie.

– J'aime écrire, peindre, créer de l'immortel, mais il faut aussi que je respire des moments comme celui-ci pour être inspiré.

– Que voulez-vous acheter comme souvenirs ?

– Certains sont déjà dans ma tête et ne sont pas prêts à en sortir... et puis cette inspiration des lieux... Comment nommer cette excitation extrême dans le cortex ? Ce lac... ces bateaux... ces gens. Quelles sont les plus grandes autres splendeurs vivantes au monde, si ce n'est que vous et moi... À cet instant précis ?

Elle riait tout en le questionnant du regard. Lui, il savait qu'elle possédait un programme bien établi et elle se devait de le suivre au mieux que possible tout en respectant les desiderata du français. Elle avait escamoté au retour ce matin « Le chemin sacré des Tombeaux des Ming » à cause d'une course de vélo qui passait par là. Cela permettait à André de choisir un nouveau plan selon son envie. Alors, il jouait avec elle.

– Et votre inspiration du moment ?

– C'est toi, et ses paysages un peu hors du commun, et ce sont toutes les personnes qui m'entourent comme un merveilleux mélange de ravissement et de bonheur.

Il n'avait sans doute pas essayé de toucher sa sensibilité juvénile, mais il avait effleuré sa fraîche beauté candide.

– Pourquoi : moi ?

– Je ne sais pas... parce que tu parles français et donc plus proche dans les discussions et aussi parce que tu existes dans ce moment circonstanciel. Il faut bien commencer par un sujet... entre autres, cela me paraît parfait et je pense que nous pourrions aller voir des livres dans les boutiques !

– Vous voulez ? Je vais appeler le chauffeur, dit-elle, en ouvrant son portable.

Elle lui avait donné rendez-vous un peu plus loin. Ils montèrent rapidement dans la voiture et quelques instants plus tard, ils marchaient dans une marée humaine. André regrettait d'avoir quitté le calme relatif du parc Beihai. La Wangfujing était noire de monde, un espace de shopping impressionnant. Il se demanda si Camilla n'avait pas poussé le jeu au point de le démystifier. Elle semblait très sérieuse en lui demandant :

— Là-bas, un peu plus loin, vous verrez la « Librairie des Langues étrangères », je pense que vous trouverez de quoi satisfaire votre curiosité insatiable... Une nouvelle fois, André n'avait pas manifesté de contradiction, cette marche en slalomant le déroutait et ce côté espiègle l'amusait. Cette grande rue commerciale ne prêtait place à aucune discussion. Le cœur, les poumons de la ville respiraient très fort et toujours cette dense foule qui donnait le tournis à André dont les yeux regardaient avidement les gens, les vitrines, les devantures et tout ce qui se trouvait sur son passage. Il se remplissait la vue de choses inconnues jusque-là. On y vend de tout, du Fashion à l'art ancien, de la restauration, de la soie et des objets en jade, de l'art et la consommation courante. Dans cette librairie, il chercha longtemps des livres originaux, laissant la jeune Chinoise en train de l'attendre. Il était dans son élément, jugeait chaque titre anglais et français, il fronçait des sourcils ne sachant quelle œuvre choisir. Le nez humant le papier pour sentir la vieillesse de l'imprimerie et du papier, il cherchait au gré des étalages une lecture qui serait son livre de chevet. Camilla attendait, placide et détendue maintenant que « Monsieur » nageait dans sa culture en eaux profondes. Elle n'osait pas le conseiller de peur de l'affronter dans une nouvelle complication verbale. Mais il acheta deux livres qu'il fit envoyer à son domicile pour éviter de se les « trimballer ».

– Trimballer ? Je ne comprends pas ce mot.

– Porter sous le bras ou dans la valise. Voilà ce que cela veut dire...

– Ha !

– Du romantisme, c'est pratiquement toujours vrai et sûr.

– J'adore le romantisme à la Française, s'exclama Camilla, mais il reste ambigu pour beaucoup de vieux chinois dont le romantisme n'est pas... comment... vous le dire ? ... On n'a pas cet esprit.

– Avez-vous lu ou étudié les écrivains français tels que Victor Hugo, Alexandre Dumas, dans votre école ? Quelle est la différence fondamentale entre la littérature poétique chinoise et celle de l'Occidentale, en l'occurrence, la Française ?

– Vous me posez une question à laquelle je ne peux répondre.

– Oui, je comprends, le libertinage à la Chinoise redevient sensiblement tabou et non romantique comme il faudrait ou il l'était autrefois.

– Peut-être que notre société change beaucoup maintenant, c'est un peu vrai, seul un dialogue d'experts de la pensée pourrait vous donner les nuances de ces évolutions. Au cours des trente dernières années, des réformes profondes, d'ouverture, ont été entreprises afin d'établir un nouvel état d'esprit de la population...

Ils tournèrent à l'angle d'une rue près du grand Hôpital et André souffla un juron. Ne pas pouvoir recueillir les précieuses réponses qu'il attendait de son guide culturel l'énervait. Il aurait bien aimé lui, discutait de certaines lectures érotiques assez croustillantes très connues et encore en vente sur le marché. Exportées en France, elles étaient traduites et vendues dans tous les sites.

Tel que *« l'histoire hétérodoxe d'un lit brodé »*, il craignait de la choquer et de créer un nouveau malentendu. Camilla n'était peut-être pas fleur bleue, mais il ne fallait sûrement pas exagérer dans cette investigation des mœurs chinoises. Alors, il essaya une autre forme d'approche plus conviviale et plus appropriée au tourisme.

– On parle souvent des massages aux vertus millénaires ? Comment reconnaître que nous avons affaire à des professionnels ?

– Localement, je ne peux pas vous dire, car les Chinois pratiquent depuis longtemps les massages, on trouve des quantités de boutiques qui les pratiquent. Elle poursuivit :

– On a tendance à appeler cela des modelages maintenant... Pour des raisons dues à des satisfactions distinctement obtenues.

Elle se sentait très gênée devant cette question et réfléchissait pour ne pas s'embrouiller dans ses paroles. Visiblement, elle gagnait du temps et mesurait la portée de chaque mot.

Puis, pour ne pas perdre la face, tandis qu'André avait tout de suite senti que sa question était embarrassante, elle sortit son portable de son sac pour appeler le chauffeur. La conversation s'arrêtait là, car une femme chinoise affolait le french en lui présentant des tee-shirts colorés sous le nez en lui barrant le passage sur le trottoir. Incommodé par l'imposture et gêné par son sac à dos contenant sa caméra et sa sacoche, il cria contre la vendeuse qui cria aussi de colère contre lui. Autour de lui, personne ne réagissait et son agacement grandissait. La petite « princesse » l'esquiva avec agilité, il la suivit en grommelant tout ce qu'il savait. Cet incident mit un terme à ces insidieuses questions sur les massages. Tout ce qu'il en savait, c'est qu'à son hôtel, ils existaient. Mais qu'il n'aurait jamais le temps, de goûter à ces soins paraît-il très excellents ? Les soirées trop courtes et le programme de visites rendaient l'affaire très difficile. Qu'importe donc : son voyage en Chine venait seulement de débuter. Il notait dans son agenda, un carnet de route où il inscrivait des lieux et des endroits de son passage, surtout pour en retenir de fameuses, d'inédites anecdotes. Il comptait aussi sur sa mémoire pour emmagasiner les noms des personnes et des échanges qu'il avait eus.

Il restait du temps pour aller visiter le Palais du Ciel. Sun lui posa la question :
– Men sieur Ang dé lié ! Demain, votre emploi du temps est serré. Car vous décollez de l'aéroport en début d'après-midi et le matin, nous serions obligés de vous faire lever de bonne heure. Voulez — vous visitez le Palais du Ciel maintenant ?
– D'accord, combien de temps pour en faire le tour ?

– Une heure environ !

« Le yin et le yang, elle voulait le ciel, lui il voulait la terre pour qu'ils se rejoignent au milieu, l'humain faisant corps et l'esprit la pensée... » Racontait son guide.

– *« Me voilà dans cette force, cet équilibre du bien et du mal »* ! André commençait à comprendre inconsciemment le phénomène du souffle si cher aux Chinois. Un court instant, il regarda Camilla, sa maigreur, ses petits bras et à travers son corsage brodé, cette petite poitrine naissante, un bassin d'adolescente, ses jambes frêles, mais musclées et ce petit visage ravissant presque juvénile sous cette capeline. Il admira ce corps et cette âme, cette petite respiration qui en dégageait. « Ce souffle est cette force de caractère développée certainement par une grande maturité évidente », « Une jeune pousse vivace en foliation dans l'Empire fleuri. « Le teint blanc de la femme, perle de lumière de l'Asie. « Fille du ciel partageant les fleurs impériales aux traits dorés «

Elle avait tout à coup senti cette révélation intérieure. André n'avait plus ce regard flottant et discret du touriste. Elle comprit qu'il naviguait dans un océan imaginaire et qu'il se noyait dans une poésie exotique et envoûtante. Elle cherchait cette amitié sans pour cela en décrire le cheminement.

Demain, il quitterait Pékin pour la ville de Canton. Le sort en était jeté. Ce soir, il était convié à manger du canard laqué et ensuite à passer la soirée à l'opéra de Liyuan Théâtre dans l'hôtel Qian Men dans la Yong'an Road.

– Ce sera la fin du programme pour aujourd'hui...

– Très fourni et excellent...

– J'espère que cela ne vous dérangera pas si je ne vous accompagne pas à l'Opéra ? Mais si vous le souhaitez, je viendrais, car vous savez j'habite dans le quartier de Haidan loin du centre-ville et rentrerais très tard. Le chauffeur vous ramènera à votre hôtel.

– OK, je comprends, sa voix était remplie de cette pointe d'amertume qui caractérise la contradiction.

– Merci, je vous remercie.

Avait-elle remarqué ce lyrisme spontané d'André ? Il voulait expliquer cette exaltation engendrée par cette journée aux mille couleurs. Mais il restait muet. Cela n'aurait rien apporté à cette furtive relation paternelle.

Inconsciemment, André pensait à sa fille, celle qu'il avait élevée avec amour et ensuite pour des raisons obscures l'avait rejetée dans le moment le plus difficile de sa vie où il avait perdu un peu les enfants de vue. Les garçons avaient compris son désarroi, mais pas sa fille, cet enfant qui était né d'un premier mariage interrompu dans la cinquième année, vraiment pas une envie d'en parler, alors il referma la page sur ses souvenirs et ses souffrances, quand ils franchirent le seuil de ce restaurant le plus populaire de la cuisine du canard laqué. Sûrement le plus célèbre de la capitale. Le Beijing Quanjude. Roast Duck Restaurant (Xiushui). Le cuistot découpait les carcasses des volatiles avec un grand couteau devant les clients attablés et spectateurs. Debout devant un grand chariot, pour étal, il portait un masque en papier et comme un chirurgien opérait avec un art consommé, les abatis dorés et luisants. Certains bavaient d'impatience à l'idée de manger le plat traditionnel assorti d'un vacarme permanent de bavardages à haute voix. Pour dîner tranquille, ce n'était pas le bon endroit, pensa André. Un tintamarre d'assiettes et de verres, de hauts parlers, une cacophonie libre et sans gêne. Camilla et le chauffeur étaient assis face à lui. Ils avaient, tous les trois, beaucoup de mal pour s'entendre, ce qui rendait le repas bien moins attrayant avec toutes ces allées et venues des serveurs et des plats qui s'amoncelaient sur cette table ronde. Et pour le comble parmi eux, une assiette de petits pois qui demandaient de la dextérité avec les baguettes pour les mettre dans sa bouche. Yao s'esclaffait à nouveau de voir le Français s'escrimer pour déguster selon ses dires, ses légumes préférés. Pour le canard laqué par contre ce fut plus facile. Il avalait avec gourmandise les fines tranches de viande étalées dessinant joliment et curieusement une fleur aux couleurs chaudes et dorées sur le plat. De quoi vous donner de l'appétit malgré le bruit considérable et soutenu dans cette salle au décor magnifique !

Comme sur la Muraille, des enfants le prièrent pour prendre des photos à ses côtés, dans ce restaurant, de même que les parents en souvenir de leur passage dans ce lieu. Quand on habite dans l'ouest de la Chine et que l'on vient à Pékin, c'est déjà un grand voyage. André n'avait pas bien interprété ce mouvement très sympathique. Ils étaient des touristes au même titre que lui, venant de provinces reculées où l'on ne voyait guère d'étrangers encore moins de Français. Alors, il devenait une attraction photographique malgré lui "La France, Tour Eiffel, Zidane, Chirac… avec l'accent pinyin. C'était vraiment drôle !" Un repas sauté à la corde et qui désorganisait un peu André, qui ne lassait pas de cette journée riche en émotions et découvertes de toutes sortes. Ce patrimoine gigantesque conservé malgré les révolutions était un trésor inestimable de par sa diversité. À chaque coin de rue : une nouveauté, c'est un spectacle populaire et amusant, une capture discontinue d'images saisissantes. La dragonne de sa caméra autour de la main, il essayait d'en emmagasiner, de garder un maximum de clichés.

"Bon, on trouvera toujours des gens pour critiquer, les mœurs, les coutumes, le savoir-vivre, des Chinois, mais moi, je me sens bien dans cet univers qui n'a rien de commun avec les pays que j'ai déjà visités..."
"C'est une autre dimension pour ne pas dire une autre planète, où vivent des terriens comme les autres à la seule différence, c'est que leur histoire est millénaire. Et on apprend beaucoup à leur contact. On s'attache à leur façon d'exprimer les choses, ne serait-ce qu'en suivant leur quotidien. Et si pour certains Occidentaux, ils sont, paraît-il, cyniques et manquant de transparence, je pense que le seul moyen de comprendre cette civilisation longtemps décriée, c'est d'aller à leur rencontre. Dans leur milieu, au centre de leur Empire (du Milieu)..." Il sortit de ses réflexions. Une petite de poupée chinoise le regardait avec des yeux écarquillés, les petites mains accrochées à ses genoux. Quelques minutes plus tard, l'enfant se retrouvait assise à son côté pour une mémorable photo qui allait remplir l'album de famille. On le salua et on le remercia, on voulait boire avec lui. Mais décidément, Sun (la petite princesse) faisait tout pour que cela n'aille pas trop loin. Elle consentit qu'il boive un verre de Tsingao. Elle parlait aux parents de la petite fille pendant que d'autres curieux s'approchaient de la table couverte des restes du repas : des petits pois. C'est à rire de voir le gâchis à la place d'André. Il fut étonné qu'on ne lui fasse d'aucune remarque. Il est vrai que l'on ne touche pas aux aliments tombés sur la nappe. Le groupe de la même famille tentait de serrer la main du Français dans un désordre apparent. Chacun d'eux souriait de la meilleure manière et la plus amicale qui soit. On pouvait observer l'agacement

de Camilla qui se dessinait sur son visage. André était obligé de montrer ses talents de vidéaste pour enfin être libéré. Il tournait le petit écran LCD dans tous les sens pour faire en profiter à tout ce petit monde. Camilla restait statique et attendait en tournant le dos à la scène.

Tous se dissipèrent enfin. André suivit le chauffeur et Sun, la neige, vers la sortie. Elle était silencieuse et même soucieuse. André pensait à l'adage "ne pas dire ce qu'il ne faut pas dire... ne pas voir ce qu'il ne faut pas voir... ne pas entendre ce qu'il ne faut pas entendre" et le mal vous sera épargné. Cela lui rappela sans conteste les trois singes de la sagesse évoquée dans la mythologie. Mizaru, kikazaru, Iwazaru. (Les trois vérités)» Un principe d'éducation peut-être? Cette gamine, ni femme, ni enfant n'avaient reçu ce don particulier. Cette personnalité était née, avait grandi avec elle ou peut-être, avait elle été initiée dès son jeune âge à cette discipline du non-dit?

– Nous devons maintenant vous accompagner à l'Opéra Liyuan... Elle marchait vite pour rejoindre la voiture, le chauffeur suivait comme à son accoutumé. Sommes-nous en retard?

– Le dîner vient seulement de finir. Elle donnait ce ton de la personne non rancunière de ce contretemps.

– Nous arriverons avant le début de la séance et le chauffeur vous attendra à la fin du spectacle.

– Et bien, pas de problème. Rien de fâcheux. Petite princesse!

– Mens sieur Ang dé lié, je vous souhaite une bonne soirée au théâtre des acrobaties. C'est ici à votre droite. Voilà votre ticket et votre place. Je vous quitte, là... À demain.

– Merci, je te souhaite une bonne nuit.

Elle avait disparu dans la pénombre comme une fée, laissant André un peu désappointé, c'était la première fois qu'elle n'était pas présente près de lui. Il ressentit rapidement ce vide. Mais place au spectacle ! Il ne pouvait pas imaginer un jour se trouver devant ce décor unique. L'avancée théâtrale et devant « des convives privilégiés », pensa André. Un homme juvénile, vêtu en habit jaune traditionnel servait le thé avec une adresse peu ordinaire. Il jonglait avec une théière munie d'un long bec serveur et se contorsionnait passant la théière sous les bras et dans le dos dans un rituel assez peu conformiste. On aurait dit qu'il dansait en l'honneur de cette boisson sous le regard amusé et admiratif des buveurs attablés. Il remplissait les tasses sans coup férir d'un basculement rapide de l'épaule. Il s'escrimait si on pouvait dire en mettant en scène l'art de servir le thé. Les acrobaties, les costumes, la musique, l'ensemble de la troupe de l'Opéra, tous les spectacles avaient enchanté le Français.

Guangzhou

Les pneus de l'avion d'Air China Southern touchèrent le sol de l'aéroport de Guangzhou. Un signal très fort pour André. Le premier vol à l'intérieur de l'empire du Milieu s'achevait. Il n'avait rien vu du haut de la Chine. Assis dans le centre de l'appareil secoué par des turbulences incessantes pendant tout le parcours, il regrettait de n'avoir pu voir la Grande Muraille à travers l'épaisseur des nuages lors du décollage. Une pollution naturelle par saltation dans l'atmosphère du sable asséché du désert de Gobi parvenant par les vents d'ouest bouchait l'horizon. Quelques ombres vertes et brunes dessinaient de vagues sommets montagneux comme dans une peinture pastel sans nom. L'atterrissage sur la grande ville, capitale de la province du Guangdong, appelée Guangzhou ou Canton, une grande partie de l'espace aérien était d'une visibilité était quasiment nulle. Une autre pollution plus sournoise devait sûrement partager le ciel avec la première.

Il naviguait de nouveau dans cet espace entre ciel et terre confortablement assis entre yin et yang sans contradiction éventuelle. C'est mon trip ! Mais sa pensée allait vers autre chose de plus important pour lui, mêlée à une indéfinissable excitation, à une curieuse angoisse. Les derniers jours passés dans la grande capitale lui avaient donné un moral d'acier et l'avaient conforté, dans son esprit, sachant que le voyage ne serait pas de tout repos. Serait-il rempli de surprises agréables ? Vraisemblablement, si l'on s'en tenait qu'aux bonnes circonstances. D'ailleurs, il ne voulait retenir dans son esprit que les joies et les plaisirs les plus marquants. De quoi fallait-il qu'il se plaigne ? Endurci maintenant par son analyse plutôt satisfaisante : on verra bien ce qui se passera, le hasard fera le reste.

On l'attendait à l'arrivée dans l'aéroport. Un guide devait l'amener à son hôtel et créait un séjour touristique sur l'île d'Hainan en l'accompagnant pour exaucer ses besoins touristiques. Cette personne parlait anglais et la difficulté pour André consistait à se faire comprendre, car son anglais était limité malgré un perfectionnement relatif avant son départ. Il rechignait un peu à cet exercice linguistique. Le sourire de l'hôtesse lui souhaitant un bon séjour le réconforta de suite. Il remarqua les lignes pures de son visage ainsi que la sveltesse de son mouvement dans son tailleur foncé. Il pensa « *on dirait une héroïne de bandes dessinées* », un manga chinois peut-être ? Après quelques salutations, il suivit les voyageurs dans le couloir réservé aux contrôles. Pour une fois, il n'était pas le seul Européen dans cet avion. De quoi le rassurer... Des Allemands ou des Autrichiens sûrement ? Une femme à la chevelure épaisse et blond très clair tranchait vive dans l'ensemble des têtes hirsutes et noires. On ne pouvait l'éviter du regard tellement le contraste était évident. Leur langue ne lui était pas familière et il évita la conversation pour se concentrer sur les formalités. L'aéroport semblait très vaste et il déambulait avec son sac à dos et sa valise d'ordinateur, respirant ce nouveau lieu avec un petit pincement au cœur.

Qui serait au rendez-vous, un homme, une femme, quel genre ? Il prit le temps de se regarder dans un miroir pour voir de quoi, il avait l'air. Le vol avait duré deux heures, ce qui lui avait semblé une éternité par la longueur de temps des contrôles et les adieux presque attendris de Camilla. Il gardait encore dans son esprit son image, quand il lui a tourné le dos pour passer définitivement à la douane. Un sentiment déprimant bien opposé que lors de son arrivée. Mais l'image de Camilla s'estompait. Pour lui, dans sa vie.

« Les départs sont toujours tristes : ce ne sont que des petits chagrins... »

« Il faudra encore que je passe ces étapes de transition dans les prochains jours : quitter des lieux, des gens, des sourires derrière un espoir de revenir un jour aux mêmes endroits et de revoir tous ces gens en bonne santé. Sans cet espoir, il est impossible de surmonter une série de petits déchirements destructeurs, durs à soigner, la suite va sûrement me donner raison. »

En marchant avec cette conviction bien mûrie, il arriva sans encombre devant le tourniquet du tapis roulant. Il attendait de récupérer son bagage, cette grosse valise à roulettes et ce fût un moment de répit avant la sortie. En face de lui, cette femme nordique qui souriait, il lui rendit son sourire. Comment ne pas la remarquer ? Grande, blonde, élancée, jeans serré, petit corsage, elle cherchait du regard son bagage. À Roissy, il ne l'aurait pas vu ni n'aurait tourné son regard vers cette femme très commune en somme. Mais, ici où tout le monde ressemble, paraît-il, toujours à une autre personne, il est normal que cette dame sorte du lot. Mais si l'on se donne la peine de bien observer tous ces visages asiatiques et ces silhouettes, on voit des différences flagrantes entre chaque individu. Les Chinois réputés par leur talent de faussaires créeraient-ils des similitudes, des sosies, des clones, des jumeaux ? Hum ! André restait sceptique... Il ne faut surtout pas exagérer les choses... Il avait entendu tant de rumeurs désobligeantes à leur sujet, d'idées reçues qu'il voulait vérifier par lui-même les propos divulgués. Dans cette marée humaine, il est bien difficile de retrouver une personne que vous avez vue furtivement. Sur ce point, il était d'accord. Un regard ne suffit pas !

Qui l'attendait ? Aurait-il cette même émotion, celle ressentie à son arrivée à Beijing quand il avait vu Sun, la Neige avec sa pancarte ? Quel homme ou quelle femme serait sa prochaine compagnie ? Aura-t-il les moyens de bien se comprendre avec cette personne surtout en anglais ?

Plongé dans ses pensées et un peu ankylosé par le transport, il faillit laisser passer sa valise et se mit à courir pour éviter qu'elle ne fasse un tour pour rien. Il frôla la belle blonde scandinave et manqua de la heurter. Elle riait franchement, mais André n'avait les yeux que pour sa valise qui filait. Le cœur battant, il n'avait pas le réflexe de répondre à ce sourire engageant et qu'il avait pris pour une moquerie. Il avait d'autres chiens à fouetter que de draguer cette blonde. Surtout celle de cette nature. Il en avait soupé de ces fausses ou de ces vraies blondasses. Il ne voulait surtout pas faire attendre le guide qui probablement patientait à la sortie de l'aérogare. Aucun retard, le vol était à l'heure, donc il n'avait pas de souci au sujet de l'horaire.

Il ne savait pas si les Chinois, si pointilleux soient-ils, aimaient qu'on leur fasse faire le pied de grue. L'incident de la valise n'avait pas entamé sa bonne humeur. Il oublia rapidement cette touriste scandinave, commerçante ou autre, aussi souriante qu'elle soit. Trop de choses trottaient dans sa tête. Après avoir chargé un chariot de ses bagages, il s'engagea vers l'accueil des arrivants en scrutant chaque individu : personne ne brandissait de panneau à son nom.

Surpris, mais pas décontenancé, habitué qu'il était à contrôler certaines de ses angoisses. Il marchait d'un pas tranquille dans l'allée traversière qui mène aux portes de sortie, en espérant qu'on l'interpelle. Pour plus de commodités et afin d'augmenter les chances qu'on le remarque, il erra de long en large allant jusqu'au panneau marqué : Départures. Les taximans lui proposaient la course jusqu'à son hôtel. Il refusait et préférait attendre dans la grande halle en regardant à travers les vitres, l'extérieur pour voir si on l'attendait dehors. Il ne vit que des gens pressés d'embarquer dans des taxis ou dans des bus avec leurs bagages. Au bout de quelque temps, il fallait se rendre bien à l'évidence que le rendez-vous établi depuis plusieurs semaines avait été manqué.

Tout en surveillant son chariot, il essayait de joindre l'agence et le numéro qu'on lui avait donné quand il aperçut une fille chinoise de dos qui s'agitait devant le bureau de l'information et faisait des gestes en forme de sémaphores. Le portable à la main, il décida de s'informer aussi et peut-être recevoir des renseignements précieux... l'hôtesse le désigna du doigt et la petite Chinoise se retourna quand il s'approchait du comptoir. Intuitif et spontané, il posa la question :

—Are you Anne Yuan?

–Yes! Elle souriait, soulagée sortant de la panique où elle se trouvait.

–OK, I'm the French... No problem...

Elle lui serra la main d'une petite façon un peu maladroite, le regard gêné, s'excusant de ce retard. Et déjà, elle l'emportait vers la sortie. Elle était sans âge, le regard joyeux et rieur, un petit nez légèrement busqué. Une bouche mince comme la plupart des Chinoises. Une chevelure remontée par un chignon en désordre attaché par une pince ressemblant à un papillon vert. Elle parlait avec les chauffeurs de taxi et visiblement, elle marchandait. Elle jetait des sourires complices à André pendant les échanges. C'était rassurant. André était aux anges : une femme guide ! Encore ? Mais, allait-elle rester avec lui, mais alors, combien de temps ? Il mesurait les évènements à leur simple fait. Une autre énergie, une autre vigueur. Il dégustait cet instant comme un court bonheur. Lui, dans Canton, dans la rue avec cette Chinoise, cette fille venue de nulle part ; même dans ces rêves les plus fous, il n'avait pas pensé à cela, ne serait-ce qu'une minute. Alors que simplement, il était venu pour faire du tourisme, tout en comblant sa curiosité maladive. Pourquoi tant d'allégresse, de jubilation, tant d'enthousiasme débordant et tant d'excitation impossible à maîtriser ? Il ne pouvait l'expliquer. Quelle était cette force qui le poussait à aller plus loin dans cette aventure ? Mais au fait était-ce vraiment une aventure ? D'autres avant lui avaient foulé de leurs pieds le sol de la Chine. Avaient-ils connu, cette même folle envie de tout découvrir, de savoir ? Avaient-ils capté dans leur esprit et au fond d'eux même ces moments superbes et inoubliables ? Il avait voulu éviter le désagrément d'être seul, isolé, dans l'organisation d'un groupe quelconque. André pouvait sans trouble particulier recueillir des sensations bien plus attrayantes qu'il n'aurait pu en obtenir avec la compagnie de gens perturbateurs. Non, il ne se considérait pas comme sauvage au contraire, il recherchait le contact. Mais celui-ci devrait être choisi, éloigné loin de la promiscuité pour un séjour de réflexions et méditations. Yuè (Anne) le pria de monter dans un taxi pendant que le chauffeur mettait les bagages dans le coffre arrière et sans timidité, elle s'essaya à côté de lui. Tout de suite, André avait remarqué son visage attendrissant. Elle ne le quittait pas des yeux... S'excusant de son retard à plusieurs reprises en mettant en cause le trafic. Confuse et navrée, elle essayait de lui faire interpréter son embarras. Mais André n'écoutait pas, il ne voulait pas de ses excuses, il s'en foutait, il regardait cette petite femme au regard vif. Elle le tenait par le bras en le serrant par saccades et en accentuait ses propos afin de mieux se faire entendre. André avait répliqué en souriant ce qui soulagea Yuè. Elle parlait brièvement au chauffeur en cantonais sur un ton assez sec. André ne comprenait rien et regrettait ce manque, cette absence de langage. Il faudrait, pensa-t-il des années pour le traduire ? Alors il restait, interloqué... C'était comme si cette phase de vie se dessinait dans son cerveau. Comme s'il avait déjà vécu cette scène, comme s'il en connaissait toutes les répliques, les temps morts et les silences. Il se laissait bercer au ronronnement du moteur et des sourires de la belle Chinoise, comme si tout cela était écrit pour lui d'avance. Un scénario où il serait l'acteur principal et les gens autour joueraient des rôles différents. Il se posait la question à savoir ; le chauffeur de taxi ne serait-il pas, lui-même, un comédien de la pièce ?

Yuè souhaitait-elle un dialogue ? Ce serait mieux que le monologue. Tant d'assurance pour une jeune comédienne, elle, qui maintenait serrée de sa main gauche, son avant-bras en appuyant par petites pressions suggestives. C'était comme si elle voulait faire parler une marionnette de chiffon tel que le font les ventriloques ? Avait-il oublié son texte ? Le trou de mémoire ? Il réagit subitement sortant de son incorrigible imagination. « Je suis cinglé ou un peu perturbé ! Bon sang, je suis à Guangzhou avec cette jolie Chinoise et je ne lui parle pas, je suis tétanisé. Pourtant, il n'y a pas réellement d'enjeu. Il faut me ressaisir et ne pas perdre les pédales ! »

Yuè débordait de gentillesse pendant le trajet qui menait à l'hôtel, presque joyeuse de voir André ne pas refuser le contact. Lui, remis de sa surprise, répondait calmement et admirait cette précieuse présence, cette bienfaisance du hasard. Elle n'avait pas décroché sa main de son bras. Il mit cela sur le compte des coutumes en matière de protocole de bienvenue... On aurait pu penser qu'elle ne voulait pas le perdre. André, lui, il acceptait sans détour cette initiative avec une confiance naturelle. Il sentait cette grande sensiblerie. Il en recevait une douce onde indéfinissable. Pour la seconde fois depuis le début de son voyage, il avait le sentiment d'être sécurisé, protégé et à chaque fois par la présence fabuleuse d'une femme. « C'est assez étonnant et bouleversant, se dit-il. Ces petites femmes au corps de gamine, comment peuvent-elles avoir le don de vous retourner le cœur, de vous émouvoir, de vous rendre complètement attendri, subjugué ? N'est-ce pas là un peu singulier ? Yuè transformait le transfert à l'hôtel en balade bienheureuse.

Dans le centre de la ville, les gens s'agitaient et déambulaient vivement sur les trottoirs. André remarquait les mêmes agissements pour se déplacer que dans Pékin. Dans les transports urbains et les taxis toujours bondés, les personnes montent et en descendant, repartent vers on ne sait quelle direction. Chez eux ou à leur travail ? Une agitation permanente, qui donnait l'impression qu'elle n'avait jamais cessée depuis la nuit des temps. Impossible de suivre une personne des yeux que déjà, elle se perd dans la foule. Cette foule dense, ce fourmillement continu en mutation permanente, il voulait s'y engouffrer comme dans un dédale humain. D'ailleurs, il ne comptait plus tous les taxis verts qu'ils croisaient. Il les comparait à des milliers de scarabées verts et brillants circulant dans une immense termitière. Il trouva que cette image lui convenait bien. Il se mit à rire. Ce qui éveilla la curiosité de Yuè qui posa la question :

—What! It's funny? Qu'est-ce qui est si amusant ?

–Nothing! N'osant pas avouer la cause de son rire étouffé au fond de sa pensée de peur de blesser Yuè. Fallait-il qu'il tienne sa langue pour éviter une bourde ?

– OK, pas de problem !

André n'arrivait pas à quitter son regard... Ses yeux noirs, profonds et brillants, un peu plus ronds que bridés, avec les cils un peu épais, lui donnaient un velouté européen et une tendance asiatique. Ce qui ajoutait un charme alliant les extrêmes du standard occidental et oriental. Sa tenue vestimentaire ne déparait pas du modèle parisien porté par les femmes de bon goût. Habillée pour la circonstance peut-être ? Il fallait reconnaître que tout cela était bien agréable à regarder et l'homme ne se gênait pas pour le faire... Presque blottie contre lui, elle donnait cette impression d'avoir du mal à contrôler une peur dissimulée.

Le chauffeur enfermé dans sa bulle de plastique contre les agressions donnait des coups de volant intempestifs et les deux passagers se retrouvaient immanquablement l'un contre l'autre bloqués par l'avant avec les sacs à dos posés sur les genoux. Cette situation semblait amuser André qui ne voulait en aucun cas en abuser. Habituée aux transports urbains et à leurs manques de confort, aux compressions physiques, au surnombre des usagers, Yuè semblait rester impassible, n'apportant aucune équivoque aux rapprochements incontrôlables liés à la conduite du véhicule.

La voiture entrait dans le centre-ville par la Zhanqiian Road et la densité de la foule frétillante s'amplifiait. Ils passaient devant la station de métro et la gare, la marée humaine multicolore entourait la voiture à chaque passage piéton. Le chauffeur essayait de se faire un chemin à coups de klaxon. « Pas commode de circuler dans cette avenue ! » pensa André. Les cheveux un peu ébouriffés par les affres du voyage, le visage marqué par une fatigue soudaine, il trouvait le temps long. Malgré la présence agréable de Yuè, il aspirait à faire le check-in rapidement à l'hôtel et retrouver l'aisance d'une chambre où il pourrait reprendre un peu de force. Comme à Beijing, il fut perplexe devant la présence d'immenses panneaux publicitaires. Des écritures géantes aux couleurs vives en caractères idéographiques assortis de numéros de téléphone ornaient les bâtiments. Il trouvait cela un peu hideux avec les couleurs criardes, mais il est vrai que l'on ne pouvait pas manquer les slogans ni les liens téléphoniques.

Le chauffeur les déposa au pied de l'hôtel. Le temps était très gris et d'une lourdeur insupportable, orageuse et moite. Yuè discutait du prix et parlait fort haut pour donner du ton à son mécontentement, mais l'homme garda la monnaie en l'ignorant et en grognant. Elle haussa les épaules avant de le laisser partir en criant un juron. Le Français aurait bien aimé savoir ce qu'elle avait proféré, histoire de bien cerner la personnalité de celle qui devait être sa guide pendant tous les jours suivants. Des gouttes de sueur perlaient sur leur visage, la chaleur cantonaise emplissait la rue comme dans une étuve.

Elle a dit simplement, « Ce sont des voleurs ! »

Elle avait grimacé devant le constat et levé le bras en signe de résignation. Puis en riant à nouveau, elle sautilla pour attraper son bras et l'accompagner dans le lobby. On aurait cru un vieux couple formé depuis bien longtemps. Ragaillardis par la douce fraîcheur de la climatisation, ils gravirent, collés l'un à l'autre, les quelques marches de l'entrée de l'hôtel.

André joua le jeu quand ils se présentèrent devant l'hôtesse toute rayonnante. « Ces clients avaient donc réservé »... la présence occidentale était très prisée. Chose qui arrivait très peu, les groupes choisissaient d'autres hôtels loin du tumulte du centre-ville. Pourtant bien placée pour les stations et la gare, mais très éloignée des aéroports, la clientèle était plutôt chinoise et de passage souvent pour les affaires.

Les formalités établies avec les clés en main, ils rentrèrent dans l'ascenseur. Sur les façades intérieures étaient disposées des miroirs et cela rendaient très attrayant l'habitacle, car l'on pouvait se voir dans toutes les positions. L'homme de service qui les accompagnait restait stoïque. Yuè souriait en se regardant dans la glace et André était pensif. Impatient de prendre une bonne douche et de trouver un bon restaurant pour se régaler d'un bon repos. Le stress emmagasiné dans la journée avait eu raison de son entrain et de sa bonne forme. Yuè inspecta avec minutie la chambre... Très bien éclairée, malgré la nuit tombante, spacieuse et bien décorée. Mais, il fallait penser à se restaurer. Après qu'il eut pris sa douche, il se sentit d'attaque pour toute la soirée. Il proposa une petite balade à Yuè dans le quartier, car, lui dit-il, « j'aime savoir et sentir l'endroit où je suis et où je vais vivre un moment de l'existence. »

Elle accepta de bon cœur :

– OK ! Pas problème pour moi, lui dit-elle en anglais !
Elle avait répondu d'une petite voix glissante, enjouée presque enfantine.

–Are you lovely! C'était sorti de sa bouche, ce compliment comme une révélation dépassant sa propre pensée. Elle le remercia.

– Merci ! Avec ce petit rire soyeux qui résonnait comme un chant d'oiseau longuement dans les oreilles d'André. À mesure que la soirée passait, il appréciait le ton charmeur de cette voix limpide et cristalline. Au point qu'il attendait la fin de chaque réplique pour qu'elle déclenche ce rire peu commun.

« Ainsi pensa-t-il, certaines Chinoises ont cet attribut joyeux, peut-être ensorceleur… » Il adorait cette façon qu'elle avait de terminer les phrases en mimique rieuse. Contente d'être là, avec lui, de partager ces instants. C'était la première fois qu'elle faisait ce travail avec un Français. La poésie et le romantisme français, elle l'avait appris plus jeune. Mais elle en gardait, dit-elle quelques notions. André n'en doutait pas un instant, car elle déployait quelques trésors de recherche pour bien appuyer ses dires. Elle habite Guangzhou seul sans enfant et sa mère vit à Chongqing.

« Le rire étant le propre de l'homme ! Mais comment en interpréter le genre, la forme, du rire si mignon de Yuè ? Toute la difficulté est de savoir, s'il faut répondre gentiment avec gaieté ou être versatile selon l'humeur. Dans ce pays, rien ne ressemble à ailleurs. Même l'âme des gens et pourtant ce peuple commençaient sa grande émergence, sa modernité. Longtemps enfermée dans un pouvoir empiriste, pendant des siècles durant, la Chine reste accrochée à cette culture conservatrice qui n'en finit pas d'étonner par son immense diversité.

André ne voulait surtout pas créer des problèmes de langage et d'incompréhension, alors malgré cette fatigue latente, il ne résista pas longtemps à ce charme asiatique si naturel. Il écoutait Yuè parler. Ils marchaient sur les trottoirs de la Zhanqiian Road. Elle était toujours accrochée à son bras. La lumière étincelante des enseignes et les lanternes rouges, pendues aux vitrines éclairaient le visage de Yue comme celui d'une poupée de porcelaine. « *Un teint blanc luisant aux reflets bariolés de couleurs fugaces...* » pensait André admiratif à l'image sublime qu'elle irradiait.

« Alors là, si je ne suis pas en Chine... c'est que je rêve... » Il voulait approcher ce rêve, le palper, le toucher, cette femme lui en apportait une part inexprimable.
« Yuè veut dire lune en chinois ou mois », lui dit-elle avec la même espièglerie. En forme de boutade personnelle, il répondit, « OK, j'ai décroché la lune ? »
– Haha ! Fit-elle en terminant de ce petit rire si sympathique et qui mettait André en émoi.

– Haha ! répéta-t-il théâtralement en rétorquant joyeusement.

Il n'avait pas pris attention seulement une minute de l'effet attractif du rire de Yuè dans son esprit, ne sachant pas comment il fallait l'interpréter et en exprimer la part de convivialité. Bien sûr, lui savait que le rire en Chine n'avait pas, paraît-il, toujours une signification expressive de gaieté, à l'instar des Occidentaux. Mais tout en restant un gage d'allégresse et de plaisir pouvait dans une extrémité négative expliquer le dédain ou l'amertume. Comment donc analyser la première fois que l'on rencontre une personne dans ce pays, et bien en comprendre le sens ? Excès de zèle ; commercial ; chaleureux ; niais ; naturel chez Yuè ? Gommant toute méfiance, il voulait exclure toutes pensées qu'elle puisse croire qu'il était un homme malveillant, vil et sans scrupule.

La main de Yue avait quelque chose de rassurant et se refermait sur son biceps chaque fois qu'elle riait. Et c'est l'un contre l'autre qu'ils pénètrent en cœur, d'un même pas dans le restaurant qu'elle avait choisi. Ils prirent place autour d'une table ronde embellie d'une nappe rose bonbon avec, les chaises recouvertes du même tissu cachant leurs dossiers.

« On dirait que l'on va manger au milieu d'un gros gâteau à la fraise… », Pensait André pendant que Yuè examinait avec intérêt les plats qui constituent le menu. Commode de choisir ? Pas forcément même avec la photo des plats, il est très difficile d'apprécier les saveurs à l'avance.

– Beef, pig, chicken, fish ? Lui demanda Yuè d'un air complice, mais interrogateur.
– I choice for you, OK?

– OK !

Elle avait rapidement fait le tri.

La serveuse écrivait les caractères correspondants sur son petit carnet de commandes avec une dextérité extraordinaire qui époustoufla le Français. Ils n'ont pas eu à patienter trop longtemps, car le service était très bien mené, rondement, André avait eu le temps de s'apercevoir que cette salle de restaurant était aussi bruyante que celles de Beijing et que pour se faire entendre, il fallait tendre l'oreille. Les plats étaient excellents à base d'épices de toutes les sortes et le soja avait comme dans la capitale sa place sur les tables. Elle se mit à rire quand André encore maladroit lâchait les morceaux de poulet et les légumes. Voyant son inconfort et après une leçon de maniement des baguettes pas très convaincante, elle commença par attraper les aliments et lui enfila dans la bouche avec soin pour éviter qu'il ne bave sur lui. André et Yuè jouaient. Elle lui donnait la becquetée, ils riaient ouvertement ensemble.

–Good... Yuè ! disait André en mâchant les légumes verts et en tournant les yeux de satisfaction.

Autour d'eux, les gens des tables avoisinantes, les regardaient en riant de cette curieuse scène de pantomimes. Une scène invraisemblable et rare, car en Chine, l'homme est fier et n'accepterait sûrement pas de manger de cette façon. Pour André, cela avait une autre signification. Cette entente mutuelle reflétait autre chose que ce commun partage. Yuè devenait cette femme qui lui apportait une protection inattendue. Non, ce n'est pas parce que le milieu était hostile, mais parce que c'est un comportement essentiel pour lutter contre les vices, les barrières de la langue et les aléas de la culture.

—It's Good! Yuè. Elle se dandinait agréablement sur son siège et André remarquait que son corps tout entier ondulait comme celui d'un poisson. Il se refusait à lui demander son âge, il ne pouvait que l'estimer, car c'est un exercice très difficile avec les Chinoises. « Dans l'ordre des choses, elle avait dépassé la quarantaine, mais on peut se tromper, songea-t-il ?
Rien ne pouvait le définir…
Il buvait sa bière, Yuè remplissait son verre aussitôt après quelques secondes d'un geste agile, dans un rituel aérien du bras comme l'impulsion d'une aile d'oiseau. Serait-ce donc une coutume ? La femme servirait l'homme sans détour, dans une sorte de soumission ancestrale ? Serait-elle aujourd'hui encore active, cette culture millénaire ? André aurait voulu savoir, mais Yuè ne savait pas très bien et haussait les épaules en guise de réponse : cela faisait partie de la convivialité. Ils se connaissaient à peine de quelques heures et déjà une cohésion sentimentale s'installait entre eux.

« Les vacances à Canton s'annoncent très bien, cette femme est parfaite... Jugea-t-il ? Yuè était attentive à tout et choisissait le mieux et le meilleur pour qu'il se sente à l'aise. André essayait de se rendre agréable avec elle. À travers les vitres du restaurant, les passants regardaient le couple, les yeux étonnés et parfois suspects. André avait vu certaines femmes qui tendaient le cou pour mieux apercevoir son visage. Yuè semblait s'en être aperçue et souriait de cet avantage : celui d'être en compagnie d'un autre genre ! « Honnis soit qui mal y pense ! » André, assis à côté de Yuè, acceptait de manger du bout de ses baguettes et de vivre un moment unique, de sérénité au pays de l'Empire du Milieu avec l'un de ses plus beaux sujets : une des plus jolies femmes. Elle vida le reste de la bouteille de Tsingao dans son verre. André se disait : comment pouvait-il introduire dans le contexte de ce voyage, les rapports du yin et du yang ? Fallait-il en faire un simple opposant et attirant humain entre la femme et l'homme ? Et pourquoi pas, puisque c'est un peu le concept établi depuis longtemps ? Il sentait le trouble monter en lui, et une profonde excitation chaque fois qu'elle plongeait ses yeux anthracite dans les siens. Il prenait cela comme une gentillesse de la part de Yuè en supposant sur ce fait que la femme chinoise n'avait pas cette espèce de gêne ou de timidité devant un homme. Les Occidentales pouvaient le faire antérieurement, mais faussement. On pourrait regretter qu'aujourd'hui, les Européennes ne soient plus toutes des oies blanches, que ce genre de filles au cœur d'artichaut semblaient disparaître. Dans cette matière, l'image ancienne de la Chinoise effarouchée semble disparaître aussi au profit du Glamour et de l'américanisation. Une liberté féminine qui tend à se développer surtout. Dans les grandes cités comme Shanghai et selon certains journaux de la presse écrite, les hommes prendraient maintenant de plus en plus part aux tâches familiales et ménagères, mais surtout dans cette province. Y aurait-il des disparités surprenantes dans ce pays d'une province à une autre ? Peut-être que si on le compare au modèle français, on pourrait obtenir une grande similitude dans l'évolution des comportements. Encore que le machiste ne soit pas mort en Europe : loin de là…

Tous ses jugements, André les avait recueillis dans des documentations qu'il avait pu lire, des livres touristiques et géopolitiques, et en regardant des émissions télévisées. Beaucoup d'entre ses lectures concernaient les mœurs, l'histoire et la civilisation chinoise. Et ce, avant son départ.

« Un cas ne doit pas être une généralité… » Pendant qu'il avalait son dernier verre de Tsingao et que Yuè le regardait avec insistance comme si elle voulait partir sur-le-champ.

Quand il lui demanda s'il fallait partir, elle répondit négativement en secouant la tête légèrement avec ce sourire ravageur.

Ils étaient repus de petits légumes, de lamelles de porc, de petits mélanges délicieux à base d'anis étoilé et de concombres, de salades sucrées et aigres-douces. Des saveurs inconnues de la cuisine française, douce au palais et un peu piquante sur la langue. Un mariage des goûts savamment cuisiné.

Épicurien, André recherchait de nouvelles sensations gastronomiques.

« Merveilleux repas, un peu moins de bruit serait le bienvenu... » Il fit signe à Yuè en mettant sa main sur son oreille comme pour expliquer ce problème mineur, mais surtout lui dire le plaisir qu'il avait être avec elle et qu'elle le veuille ou pas, elle faisait partie de son aventure en terre de Chine. Malgré l'accueil cordial, cela représentait une péripétie particulière à faire son chemin, seul dans ce pays. On ne risque pas grand-chose, mais il était très difficile de passer à côté de l'arnaque. D'ailleurs, Yuè d'un geste ferma sa sacoche en fronçant les sourcils. Allons ! Ici, c'est comme ailleurs... il y a des gens qui trichent sur les prix... et qui volent les étrangers ?

De nouveau, elle avait pris son bras peut-être avec plus de conviction sur le retour vers l'hôtel. Des boutiques étaient encore ouvertes malgré l'heure tardive et quelques vendeurs étalaient du matériel sur des toiles et des draps en tout genre sur les trottoirs. Ils déclinèrent tous achats et chemin faisant dans une chaleur épaisse et lourde avec une température très élevée en ce début de nuit, ils se baladèrent un peu avant d'arriver à l'hôtel. Elle l'accompagna jusque dans la chambre s'assurant qu'il ne manquerait de rien pour cette nuit. Vite, trop vite cette soirée était trop courte, mais demain sera un autre jour.
Puis vint le moment de partir chez elle.
– And ! Good night! I see you tomorrow, OK? Elle avait dit cela dans un soupir avec les yeux écarquillés en attendant la réponse. Elle avait prononcé *And,* pour la première fois.
– Yes! OK

Lui était accoudé avec la main contre le chambranle de la porte et l'autre main qui tenait cette porte. Elle était tout contre lui, quelques centimètres, mais maintenant, elle ne le tenait plus. Elle restait là plantée, avec un bras ballant et l'autre serrant son sac, l'air un peu triste, un léger sourire se dessinait sur ses lèvres, André ne savait pas comment interpréter cette expression bizarre, mystérieuse sur le visage d'une fille et surtout sur celui de cette femme étrangère, chinoise. Il n'avait plus vu quelque chose de semblable depuis longtemps. Il ne se souvenait plus d'un instant identique dans sa vie même en cherchant rapidement dans sa mémoire ; ce trouble entre deux êtres si distincts l'un de l'autre le sublimait. Il balbutia.

–Yuè, you ... you. ! Ne sachant plus trop quoi exprimer, il garda sur sa langue le mot qu'il allait prononcer.

–You? Yes! Yuè ? Elle l'interrogeait du regard, elle était perdue dans une espèce de contemplation, ne pouvant l'aider à parler, elle le fixa comme pour s'assurer qu'il n'était pas absent. Ils n'avaient pas changé de position depuis cinq bonnes minutes et ils semblaient ne pas pouvoir se quitter.

André se mit à rire et à lancer

– Yuyu ! Yuyu ! Yuyu ! Yes... Yuyu !

Il décida simplement de l'appeler « Yuyu ! » Il lui proposa ce surnom, elle accepta sans ambages. Elle trouva cela charmant et elle répéta avec lui, I am Yuyu, Yuyu, Yuyu ! OK ! No problem... Bù... bù ! Tomorrow, Yuyu, OK!

Il se pencha en avant les mains jointes comme pour la saluer, jouant la mimique du clown chinois. Elle éclata de rire, ce rire si délicieux, qu'André perdant tout contrôle lui effleura la joue d'un baiser. Le contact affolant son cœur, il s'excusa aussitôt en écartant les bras comme un footballeur prit à la faute.

– Woooaa ! Haha ! And ! Elle rougit en même temps et lâcha son sac au sol, comme effrayée en se pâmant. Elle lui adressa un battement de paupières très romanesque. André visiblement émerveillé devant cette créature crut qu'elle était l'héroïne d'un conte chinois. Des papillons de toutes les couleurs tournaient autour d'eux.

– Hudie… souffla Yuè dans son oreille

Ce message symbolique plus ou moins subtil pouvait passer inaperçu au profane et encore plus à un Occidental, mais André reçut cet appel sensible, cette vague d'érotisme naissant.

Yuè ferma les yeux de nouveau. Elle prolongea son aveuglement. Cette obscurité passive et elle n'entrouvrit ses cils soyeux que doucement jusqu'à ce qu'ils soient mi-clos. Elle sentit le souffle d'André qui réchauffait ses joues et ses lèvres frôlèrent les siennes de leur velouté émouvant laissant le vol posé et délicat d'un baiser frémissant sur la peau, une autre peau, d'une pureté inégalable, sensuelle, une extase menant au bonheur infini. Ce bonheur infini ressemblait à la douceur parfumée d'une pivoine. Cette fleur de convoitise aux couleurs mélangées d'indigo et de bleu, cette fleur au cœur merveilleux sonnant l'aboutissement d'un prélude à l'amour était la cristallisation d'un baiser universel. Ils détenaient le monde dans leur âme, le sentiment que tous les humains devraient faire cet acte de paix et d'amour. Pourtant, ils étaient bien seuls à partager ce divin espoir.

André recevait ce miel à sa bouche et Yuè butinait ce nectar. Jamais, ils n'avaient pas pensé l'un et l'autre à cette envolée amoureuse ; André avait cette vision lointaine de ce qu'il avait pu voir par le cinéma : des baisers immortalisés par de grands acteurs. Yuè, elle entrevoyait qu'un peu de son avenir amoureux, elle désirait rencontrer un homme, mais pas de cette façon si inattendue, peu commune, elle ne l'avait jamais imaginé.

Elle souriait des allusions des anciens, leurs attitudes devant les liaisons non conformes, des amours défendus...

« Ceux des canards mandarins dans la rosée du matin » pensa Yuè, repoussant avec respect les métaphores poétiques d'un autre âge.

Aujourd'hui, les choses changent, les directives, les valeurs s'estompent, on construit un autre avenir sûrement moins poétique, remplacé par cette surconsommation galopante. Une ironie pour ce pays de légendes, quand on pense que jadis, la manière la plus noble de parler cru en amour était de se servir du langage de la nature. Certains écrits sont de la matière à ambiguïté. Une certaine manière de contourner la censure, même aujourd'hui. Cela dit, Yuè le savait et elle voulait retrouver un peu de cette poésie, cette consistance dans cette rencontre proverbiale.

« Le yin et le yang se rencontrent dans l'espace créé par André et moi… pensa Yuè. »

Alors, comme pour lui montrer le chemin, elle l'embrassa de nouveau, avec une envie sincère, le serrant, l'étreignant. Sa main sur la nuque caressait ses cheveux et l'autre était posée sur sa poitrine, comme si elle voulait retenir un peu son engagement, le repousser peut-être, s'il s'avère trop brutal. En quelque sorte qu'il ne brise pas trop vite cet enchantement. André répondit à son baiser langoureux laissant glisser ses mains le long du dos de Yuè puis il les arrêta à la hauteur de ses hanches. D'un coup de pied magistral, il referma la porte du couloir.

« Alors là, si je ne suis pas en Chine ! » Il parlait tout bas, bredouillant, c'était inaudible. Ils se regardaient, hébétés, ébahis de bonheur, heureux, chamboulés, émerveillés de ce qui leur arrivait. Yuè susurrait des mots chinois toujours enlacés dans ses bras. Puis, elle se retira, fit quelques pas en salto en tournoyant sur elle-même. La tête penchée en arrière, toute souriante en signe d'allégresse, de parfaite satisfaction. Une danse liée à l'hymne de l'amour...

Elle chavira, elle se laissa tomber dans les bras d'André, et comme il la tenait fermement sous les aisselles, elle garda son équilibre et se blottit contre sa poitrine. Ils restèrent longuement collés l'un à l'autre en forme de statue vivante. Un instant de tendresse et de sublime abandon des corps. Yuè devait partir maintenant et retarda son départ. Elle gardait cette position comme soudée à lui. Lui, il la tenait les mains bloquées sur sa taille.

– Oh, Temps suspend ton vol ! supplia André, resserrant encore plus son étreinte.

– Tomorrow... OK ? Elle venait de rompre l'émoi. Il laissa ses mains glisser sur les hanches de Yue. Elle se dégagea lentement pour ne pas briser le contact, mais l'heure tardive l'obligeait à quitter André. Il fallait qu'elle prépare le lendemain. Elle avait rapidement repris son sac et déjà la clenche de la porte dans l'autre main. Elle appliqua un baiser sur les lèvres encore humides d'André en ouvrant la porte. Il resta là, sans réflexes comme en dehors de tout. Elle l'embrassa de nouveau de la même façon.

– Bye ! Bye ! And ! Déjà, elle s'éloignait dans le couloir pendant qu'il la regardait, ébahi les bras ballants, interloqué, sur le seuil de la chambre.

La journée passée avait été riche en moments forts. Depuis le matin, des évènements enchaînés, les uns aux autres s'étaient succédé. À Pékin, après son départ de l'hôtel, « la petite Princesse » et lui s'étaient lancés dans une grande partie de shopping dans la capitale, en commençant par le plus grand magasin de soie du quartier de Qianmen. Ensuite les boutiques de poterie artistique et de jade, avant de manger dans l'un des plus vieux restaurants chinois. Le décor était superbe avec les murs tapissés de tentures rouges et dorées, de passementerie dans une salle en sous-sol avec des serveurs habillés en mandarin. Des tableaux encadrés de beaux et de luxueux bois sculptés de caractères et de signes calligraphiques. Puis, ils avaient pris la route de l'aéroport. Dans la voiture, Camilla lui avait alors rendu hommage pour son savoir et sa gentillesse. Il avait fondu devant son discours. En remerciant cette jeune de fille pour son efficacité et son professionnalisme, ils avaient échangé une pièce d'un euro contre une pièce d'un yuan en guise d'amitié. Elle avait beaucoup ri de cette fraternité entre deux êtres si opposés. Tout se passa très vite, le chauffeur arrêta sa voiture dans la grande voie encombrée de taxis devant les portes de l'aéroport. Le bitume chauffé à blanc, une écrasante chaleur pesait sur les épaules, Camilla et André couraient avec les bagages, ils avaient pris beaucoup de retard dans les embouteillages et ils étaient très loin du hall Domestic Flight. Les adieux furent rapides, car un employé plus zélé que les autres avait jeté le trouble et avait coupé leurs élans. Juste le temps d'un geste rapide en posant une main sur l'épaule de Camilla, un regard plein d'émotion et André l'avait quittée. Après le passage à la douane et ses contraintes, il ne l'avait plus aperçu dans le hall de départ. Quelques bousculades à la montée dans l'avion. Des gens pressés forçaient le passage et André se demandait si tous les Chinois avaient ce manque de savoir-vivre dans les transports. À l'arrivée à Guangzhou, on l'avait dirigé vers le transit de Shenzhen et il avait été très perturbé pour retrouver son chemin dans l'aéroport malgré un déploiement de courtoisie de la part des hôtesses. Il avait pu rejoindre les passagers qui l'avaient accompagné dans ce vol. Il se dit qu'il ne faudrait pas grand-chose pour avoir des ennuis d'itinéraire.

Et puis Yuè, cette fille... Il resta pensif pendant un long moment, assis au bord de son lit, l'édredon gonflé duveteux bourré de soie ressemblait à un nuage et lui était sur ce nuage ! La journée avait été ponctuée de brèves émotions plus ou moins fortes. Il avait gardé son âme de voyageur et aussi la conscience que rien n'était facile et que ce ne le serait pas par la suite.

Yuè, celle qu'il allait appeler « Yuyu », avait accepté le sobriquet, cela le mit en joie et ensuite ce baiser. Il se ressaisit. Les questions se succédèrent dans son esprit. Il se culpabilisait tout à coup. Que faire maintenant ? Avait-il transgressé la loi ? Avait-il bafoué ou humilié inconsciemment cette fille ? Pour quelles raisons, était-elle donc partie aussi vite et sans aucune explication ? L'avait-il choquée et enfreint les bonnes mœurs ? Alors pour quelles raisons ? Avait-elle ressenti comme un frémissement amoureux ? Cette barrière invisible du langage et les problèmes qui peuvent survenir dans cette liaison peu commune, a sûrement fait reculer Yuè, et, ce, malgré ses sentiments ? Plus il se questionnait, plus il s'embrouillait le cerveau et la fatigue, le stress se faisaient ressentir. Il avait aimé ce baiser comme quelque chose de lointain et profond, enfoui, dans ses rêves le plus fous. Non, ce n'est pas un fantasme et là, il s'en défendait quoique l'homme ne puisse réfuter complètement cette hypothèse logée à l'intérieur de lui-même. Il était captivé par cette femme, par ce baiser si doux par ce corps gracile, harmonieux. Et si demain elle ne venait pas ? Rejetant d'une seule pièce ce moment d'égarement. « Elle était dans le piège tendu du français sans scrupule », il avait confondu, guide et hôtesse de bien-être en Chine. Ce manque de respect était navrant ! Que penser de tout cela ? Il regrettait un moment de ne pas avoir cherché à comprendre un peu plus les mentalités et les croyances de ce peuple. La notion du bien et du mal ancrée dans l'esprit de chacun soumis aux obligeances de l'état. Et, si elle et lui étaient de véritables personnes amoureuses et heureuses de se connaître, écartant toutes formes de racisme et de frontières sociales ? Si cela était ainsi, alors il aimerait longtemps le rire qui l'affole tant, celui de Yuyu, cette adorable Chinoise...

Il n'avait pas jeté son dévolu sur elle, mais tout cela s'était passé comme si ce destin était écrit.
Allongé, sur son lit, il avait mis longtemps pour déchiffrer les équations de cette fin de journée. Il était incapable de croire que cela puisse arriver, là, loin dans sa vie et de faire du chamboule-tout dans sa conscience. Il était libre de sa vie, personne ou presque ne l'attendait ailleurs. C'était un bon point pour ne pas entrer dans un mensonge de sa part, très néfaste, à l'équilibre de cette éventuelle liaison.

Yuè, elle ne saisissait pas son comportement digne de la dernière des jinü. Elle n'avait pas compris ce qui s'était passé dans sa tête. Certes, elle n'avait pas le complexe qui tordait l'âme du Français. Elle n'avait pas jugé, et cela à aucun moment que cette intimité puisse tomber dans la vulgarité. Elle avait surtout ressenti une forte envie affective. Cette poussée irréversible et incontrôlable d'aller vers lui. Aucune pensée vicieuse ne l'avait traversé et elle éprouvait encore un vertige sensationnel, un frisson intérieur et elle était tombée sous le charme. Elle avait coupé court cet élan émotionnel dignement pour éviter un embrasement. De nature très volcanique, elle savait se prémunir de contacts trop audacieux et retarder toutes sortes de précipitations de galvaudeux. Elle préférait les secrets instants, ceux qui ont le mérite d'être vécus. Ce qui ne l'empêchait pas de ronger son frein maintenant au lieu de rester prostrée dans une attitude béate qui ne correspondait pas à son attitude habituelle. André était loin de cette évidence. La Chine gardait encore le mystère de ses doctrines humainement parlant de par ses mœurs, sa culture, ses tabous, ses religions, sa poésie... tout était vraiment trop confus et inexplicable au premier abord. Un manque de connaissance de ce monde le chloroformait. Depuis quelques jours, un changement s'opérait dans son activité cérébrale. La pensée occidentale ne serait-elle qu'un leurre ? Elle n'avait pas, c'est certain, atteint ou obtenu l'exclusivité universelle selon lui, mais ses objectifs, il les maintenait fermement. Les philosophes occidentaux avaient encore du pain sur la planche pour expliquer leur dominance dans la matière. Il avait lu « La défaite de la pensée » de Finkielkraut, mais il se demandait si ce n'était pas la défaite de l'Occident.

Alors, il passait de l'enchantement à une sorte de foutu mélange de réflexions et d'innombrables énigmes qu'il se posait. Excité et même ébloui à la fois qu'il était par une ambiguïté légitime et par la trame de ce voyage dont il ignorait le fil conducteur. Voilà, donc peut-être, le but initiatique de son parcours : une exploration de la vie de l'homme (et de la femme) asiatique, ce qu'il cherchait peut-être aussi, sans en trouver les racines. Mais, il savait aussi qu'il lui fallait beaucoup de temps et d'épreuves pour acquérir un peu de savoir. Il était en recherche de son moi profond, d'une identité nouvelle, naissante et espérait en faire un bonheur. Peut-être un idéal inaccessible pour lui ? Mais, les rencontres sont des sources de joie et d'espoir, alors aller vers l'autre n'est plus un dessein, mais une ouverture. Seul l'avenir détermine les clés de voûte de l'interrogation... Il décida de se coucher sans chercher à résoudre la moindre question.

Il avait trouvé le sommeil, mais sans grand endormissement. Il dormait, mais des cauchemars l'envahissaient : les hordes de chevaliers à cheval en armures et plastron et casques, des guerriers peut-être des barbares à l'allure féroce le poursuivaient. « Cet homme déshonore notre nation. C'est un ennemi du peuple, il viole nos femmes, c'est un étranger ». Yuyu courait à côté de lui, habiller en princesse, elle voulait qu'il soit puni. Sur les remparts de la Grande Muraille, les flèches des archers sifflaient autour d'eux. Il essayait de passer la frontière, mais tous ces soldats, avec sabres en main, le regardaient avec une haine indescriptible. Yuyu lui tendait la main, mais elle s'échappait, car les dieux du Ciel la tiraient vers les ancêtres. Elle sentait leurs souffles « qi » sur son corps. Ils voulaient lui donner la sagesse et la juger sur ses actes. André se défendait, mais son arme sifflait dans l'air sans jamais toucher son but. Il bataillait durement contre ces hommes d'une dynastie inconnue. Celle des Yuans peut-être ? Celle qui voulait cette femme pour déesse. Pourquoi elle ? Yuyu. Elle était là agenouillée entre ces barbares et lui, le pauvre Occidental impuissant se battait dans le vide cosmique. Une tempête se levait et le vent froid soufflait des litanies sortant des livres posés sur le sol, que les chevaliers piétinaient sans remords. Les sabots ornés de griffes, des dragons d'or et de cinabre, crachaient le feu, retenus en laisse par des soldats casqués et agressifs. André se roulait par terre pour éviter de se faire écraser par les hommes en rage contre lui, fuyant le combat, Yuyu, le tenait par la main gantée de soie et persistait pour qu'il ne bouge pas de sa place. Il essayait de la soulever dans l'air épais pour mieux la libérer... mais elle restait clouée au sol comme une statue de bronze.

Le cœur battant, il se réveilla en sursaut. Il constata qu'il venait de rêver. Seul le ronronnement de la climatisation se faisait entendre dans la chambre. Personne près de lui, le drap entourant sa main et l'oreiller avait glissé du lit. Quelques voix dans le couloir et qui s'estompaient au fur et à mesure. « Décidément, ces Chinois ne dorment donc pas la nuit ! » La nuit était très avancée et il se demandait comment il serait au petit matin. Avait-il des adversaires ?
Il avait beaucoup de mal à se rendormir. Yuyu ? Cette brève histoire, allait-elle continuer, de quelle façon ? Il n'en savait fichtrement rien et le doute le poursuivit jusqu'à l'aube. Il avait l'impression de n'avoir que somnolé. Il se leva dans un piteux état... « Les guerriers de l'empereur l'avaient vaincu... » Il écarta les grands rideaux de la grande fenêtre d'un geste de dépit. Dehors sous ce grand immeuble des gens s'affairaient, déplaçant d'énormes sacs, des balles emballées de plastique et de jute. Ils travaillaient dans un désordre impensable qui paraissait malgré la cohue gigantesque, réglé comme dans l'intérieur d'une horloge. En ouvrant un pan de la fenêtre, il entendait les rouages des chariots et des diables cliquetaient, poussés par des groupes d'hommes aux dos courbés et laborieux.
La matinée s'achevait et Yuyu n'était toujours pas présente. Il recommençait à se faire du mouron pour la suite.

Le temps était devenu bien gris et dans la chambre les couleurs s'assombrissaient, remplissant de tristesse ce lieu pourtant plein de promesses de la veille au soir. Il avait perdu sa bonne humeur pendant que le ciel s'obscurcissait davantage. La tête dans le vague, il avait mis cela sur le compte de la fatigue engendrée depuis son départ vers cette destination. Pouvait-il considérer que dans le cas où elle ne viendrait plus que ce serait un échec ? Au pire, elle pouvait se faire remplacer en s'excusant... Il tournait en rond dans le petit espace entre le lit et la salle de bain. Il sirotait un peu de thé et y trouva un peu de réconfort. Cette boisson aux vertus multiples le rassérénait. Ce qui le gênait le plus dans cette affaire, c'est qu'il n'avait rien à opposer si on lui demandait des comptes. Cette population gérée par des lois inconnues, si étrange soit elle pouvait quand même comprendre son geste. Mais quel geste ?

Yuyu, était consentante, de cela il en était presque sûr. Elle s'était laissée aller, et cela sans retenue, sans aucun mouvement de surprise de sa part. Elle avait répondu à son appel. Il avait envie de goûter le velouté de ses lèvres exquises et charnelles de cette bouche qui avait imprégné son esprit et y avait gravé une empreinte sensorielle et suave.

Il n'avait pas profité de la situation comme il aurait pu le faire auparavant avec certaines conquêtes qu'il avait fréquentées. Ces femmes étaient, de son avis, beaucoup plus démoralisantes ,désopilantes que vraiment sincères.

Bùbù

André mesurait le désordre établi dans son esprit. Il venait de prendre conscience que le flou et le doute s'étaient installés insidieusement en lui, qu'il ne pouvait pénétrer « cette pensée chinoise » sans provoquer en lui un tumulte incohérent. Il avait lu bien des livres et essais sur ce concept. Il constatait d'emblée son ignorance à ce sujet. Avec Camilla, il avait reçu des signes indicateurs lorsqu'elle effaçait d'un bloc toutes les divergences culturelles entre son pays et l'Occident, voire l'Europe. Mais qui des deux continents avait le plus de mal à faire sans déchirement ce grand écart ? Depuis quatre mille ans, la Chine évolue dans une continuité culturelle en passant par des changements radicaux. André l'avait appris, autodidacte, il avait épluché la littérature chinoise. Alors, maintenant cela consistait pour lui à mettre à jour, avec la coopération hasardeuse des rencontres, une théorie, une identité moderne peut-être sur cette altérité ?

Cette femme offrait une différence, dont il était incapable de juger l'impact sur son comportement d'homme. Elle l'avait déjà marqué en profondeur. Camilla aussi laissait paradoxalement un lien sensible, par sa jeunesse désinvolte et son intelligence raffinée. Mais, Yuyu apportait une autre dimension par l'énigme qu'elle venait de lui poser. Le non — agir, c'est l'ordre confucéen tout en métaphores.

« L'esprit de la vallée ne meurt pas
« Il a le nom mystérieux féminin
« La porte du mystérieux féminin
« À nom racine du ciel — terre.
« Un mince fil — c'est à peine s'il existe –

"Et pourtant, il a beau servir, jamais il ne s'use.

La part du féminin dans le Laozi, du yin qui conquiert le yang, se révèle plus par une attraction que par une contrainte. Yuyu devait-elle être liée naturellement à cette pensée ?
Avec d'autres femmes, il savait à quoi s'en tenir pour la suite d'un évènement de telle sorte. Les Européennes, il les connaissait, 'le cœur en boîte de carton' disait-il en parlant de leur sentimentalité. Il fallait reconnaître que les décennies passées, elles avaient perdu de leur prestige, même en tailleur Chanel. La France du bon goût, de la gastronomie et de la mode était entrée dans l'ère de la production industrialisée. D'ailleurs, les boutiques de ces renoms fleurissaient dans les villes et les capitales chinoises. Pour André, la beauté féminine française exportée était un peu en déclin. On était loin des Années folles où les créateurs français ouvraient leur œuvre sur le monde entier avec l'arrogance des maîtres qui en étaient devenus des milliardaires huppés et mégalomanes. Mis à part peut-être M. Pierre Cardin, très populaire en Chine, et fut le maître-couturier, artisan de l'abolition de col Mao...
 Peur d'avoir déçu, il restait debout près de la fenêtre à regarder le ciel et par moment la terre où se déroulaient ces travaux de factotums. Des gouttes d'eau frappaient les vitres avec force comme pour les traverser. Le ciel prenait des couleurs grises et inquiétantes.
Les hommes forçaient le courage et continuaient de faire leur labeur sans se soucier de la pluie qui commençait à tomber à grandes saccades dans la rue.

André admirait leur détermination, rien ne pouvait les empêcher d'œuvrer. Il ne pouvait pas entendre leur voix, mais leurs gestes en disaient long sur leur travail. Peut-être pour quelques yuans, ils tiraient avec hargne des diables avec leurs marchandises, leurs muscles des bras brillaient de sueur et d'eau.

André entendit cogner à la porte de la chambre.

–Yes!

La femme de service faisait son entrée en poussant un aspirateur et en souriant. Il avait cru un moment que c'était Yuyu. Les battements de son cœur raisonnaient dans sa poitrine. Tout à coup, il perdit le sens profond de tout propos. Il s'enferma dans une rapide mélancolie, peu enclin à se débrider. L'avait — il décidait ainsi ? Entrant dans une morosité inhabituelle, il s'écroula dans un fauteuil en regardant sans la voir, la femme de ménage, arranger le lit à peine démonté. Il allait se lever pour sortir quand une petite tête se pencha dans l'entrebâillement de la porte et qui lui souriait clairement.

– Ni hao !" (Bonjour !) Elle était gaie comme un pinson et agitait son parapluie... »Umbrella: Umbrella! Et le pointait vers la fenêtre légèrement embuée... Yuyu était là, dans l'autre main, elle tenait un sac plus grand que la veille. En effet, la pluie avait redoublé d'intensité et arrosait à forts jets maintenant les baies vitrées. Elle fit des excuses, se mit assise dans l'autre fauteuil. Elle n'avait fait aucun geste vers lui, embarrassée, gênée de ne pas se trouver seule avec lui. Elle attendait, elle expliquait que le problème de son retard tenait du trafic très dense et surtout du mauvais temps. Elle portait une robe blanche en soie, tissée de dessins en filigrane très clair avec un col Mao. Elle avait chaussé des petits escarpins gris à talons courts. Elle haussa les épaules en signe de négation en démêlant ses cheveux qu'elle avait laissé tomber sur ses épaules.

– Bù, bu ! (Non, non) en chinois. Le temps ne permettait pas de visiter le centre-ville de Guangzhou comme prévu initialement. Elle semblait navrée. Mais si cela changeait, le départ se ferait promptement ! – OK ! André s'amusait de la voir si inquiète de son séjour. Bù, bu ! Il répétait avec elle en riant à pleine gorge, trop content de sa présence à ses côtés. Quand la femme de chambre fermait la porte derrière elle, Yuyu se leva, comme si rien ne semblait le paraître, s'approcha d'André et lui déposa sans retenue un baiser sur le coin des lèvres en riant de ce petit rire enfantin dont il raffolait. Il se traitait d'idiot, il avait passé toute une nuit et toute une matinée à créer des hypothèses navrantes et négatives jusqu'à en perdre les notions essentielles. Celles de cette vraie rencontre avec Yuyu. Elle n'était pas faite autrement qu'une autre. Elle avait des sentiments et voulait le démontrer. Elle réagissait comme une femme amoureuse quand il lui passa la main une nouvelle fois dans les cheveux et sans complexe resta collée contre le ventre d'André. Naïvement, il n'avait pas cru qu'elle pouvait se compromettre. Au fait, se compromettre de quoi ? De plus, elle était jolie, coquette, très tendre, amusante, elle avait du charme. Singulièrement, elle ne redoutait pas cette différence de culture et même, elle était prête à assumer et d'en découvrir les facettes. Elle faisait comprendre que le besoin de se démarquer de tous ces citoyens était un atout, une résonance humaine. Chacun doit obtenir le sens de l'homme bon. Et dans cette société moderne, Yuyu voulait sans religion ni parti construire son avenir, prendre son envol, avoir une place dans ce monde asiatique en s'ouvrant à l'Occidental. André faisait le même chemin en sens inverse. Ils venaient de se rencontrer dans cette vie pourtant, ils étaient si éloignés et si proches l'un de l'autre. Un fil de soie solide s'était tendu entre eux hier, et c'était le départ de l'écheveau de leur liaison.

Ils s'embrassèrent longuement glorifiant leur amour et l'amour des peuples et de deux continents. Une paix totale envahissait leur cœur. Ils étaient des individus libres et responsables de leur acte excluant tout discours politique et philosophique. Respectables, ils échangeaient leur souffle (qi). La morale ne pouvait rien contre l'énergie des sens.

« (À son origine, le qi est le vide [xu], il est pur, il est un et il est sans forme. Sous l'effet de la stimulation, il donne naissance au yin et yang en allant vers la condensation en figures visibles) »

André avait gardé en mémoire quelques mots importants de la philosophie ancienne chinoise. En somme, il avait consacré un peu de son temps à l'étude de la pensée chinoise. Yuyu souriait, l'air amusé de voir cet homme qui essayait de placer dans leurs conversations quelques principes du Tao. Elle le caressait, laissant courir ses doigts fins le long des avant-bras qu'il avait très poilus. Une sensation nouvelle pour elle. C'est vrai, car une grande majorité de la population masculine chinoise en était complètement dépourvue à cet endroit du corps. Elle le lui fit comprendre. D'ailleurs, il avait mis du temps pour saisir cette comparaison. Tout en étant anodine, cette distinction recelait des particularités certes primaires, mais non innocentes dans la connaissance de l'autre. Elle ne jouait pas les ingénues, au contraire elle n'étalait aucune pudeur. Sans manières, elle prit possession de la salle de bain afin de remettre un peu d'ordre dans sa tenue, car il était l'heure du repas.
André accepta, il n'avait pas mangé depuis la veille et devant l'insistance de Yuyu, il enfila un pantalon de lin et un tee-shirt rouge :
- Couleur de l'empereur ? Chi fan ?
- Yes! Chi fan
- Bù, bù
- Yes… Bù bù, No ! No ? Good!

Il répétait sans s'arrêter... Bùbù, Bùbù ! Quand ils
prirent l'ascenseur, elle l'avait repris par le bras
comme la veille et son rire ricochait dans la cabine.
André pensait au « Livre des Mutations » ; il n'avait
rien compris aux hexagrammes comme mouvements
du monde. Mais en l'occurrence, objectivement le réel
et l'étrange se confondaient dans sa tête. Yuyu
l'étreignait et ce contact favorisait une mutation dans
son esprit. Yuyu était la représentation du yin céleste,
la femme et André le yang, l'homme étant la source
vitale.
– Qingxin (cordialement) disait Yuyu
– My Yuyu ! répondait André
— You : It's Bùbù? Elle lui avait trouvé un surnom
pendant qu'ils marchaient sur le trottoir, elle sautillait
pour éviter les flaques d'eau.
– OK ! Cela lui plaisait beaucoup surtout. Quand, il
disait « Yuyu », elle terminait la phrase par « Bùbù ! »
Et sans trop se poser de question, elle l'appelait tantôt
And ou Bu Bu.
—OK, for the restaurant?
—Yes, it's good...
Elle avait choisi un restaurant, cossu, avec un décor
bien cantonais. Les couleurs des tables et des chaises
recouvertes de tissus violines et satinés donnaient
envie de s'asseoir pour un bon repas. Les odeurs
appétissantes émanaient des cuisines. Ils s'installèrent
avec appétit.

Elle avait choisi les meilleurs plats pour qu'il ne se sente pas trop dépayser au contact d'autres saveurs et piquants sous la langue. Elle avait choisi le poisson dans un aquarium géant, elle assurait que sa viande était parfaite et qu'il serait enchanté de déguster malgré son apparence répugnante. Il était resté assis en toute confiance en la regardant gesticuler et s'exprimer en chinois. Il ne savait pas ce qu'elle disait à la serveuse, mais il supputait que la conversation s'articulait autour de ce poisson et de la façon de l'accommoder en cuisine. Quand il était plus jeune, il avait appris que la cuisine la plus populaire au monde de par l'étendue de ses variétés, était la cuisine chinoise. Il ne savait pas alors qu'un jour comme aujourd'hui, il pourrait en faire une critique. Pendant le repas, il dégusta tous les plats. Fier de constater que cela était très délicieux, que cela lui convenait et que Yuyu devait être une femme de bon goût. Épicurienne, elle partageait avec entrain les délices. Lui, il adorait ces sortes de raviolis en pâte de riz, dont la bouchée était très raffinée, un mélange de légumes et de viande et d'épices qui s'ouvrait sur la langue quand il les mordait. Il en fermait les yeux tout en se régalant. Yuyu l'admirait quand il refermait sa bouche sur les petits choux avec gourmandise. Il se régalait de l'un et de l'autre. Elle l'encourageait à chaque prise de baguettes et sortait un *Wooooaa* ! La bouche en cœur. Elle écartait dans les soucoupes les morceaux de piment rouge et vert pour qu'il évite le piquant trop excitant sur la langue. Avec talent, elle mettait toutes ces connaissances dans l'art de bien manger dans son pays et proposer des menus pour le bien-être. Chaque petit plat dissimulait selon leur préparation une note aigre-douce ou sucrée salée. Des parfums de ciboule, de fines herbes et de condiments, de sauces de soja, agrémentaient la saveur des bols, aiguisaient les papilles gustatives d'André. Une harmonie des couleurs et des goûts poivrés, suaves sous la langue qui l'émerveillaient. Il aurait aimé l'embrasser pour la remercier, là, sans penser à autre chose tellement il la trouvait adorable, gaie, tendre, rigolote, souriante, protectrice et fémininement attirante. Mais, la bonne éducation en Chine ne permet pas de si grande démonstration, en public même dans les cas les plus excusables. André devait calmer son tempérament transalpin et ne faisait aucun geste qui puisse compromettre Yuyu. Pour le moment, il se contentait d'apprécier la présence de cette femme et sa gentillesse. Il ne voyait plus rien de ce qui se passait autour de lui, elle prenait chaque seconde de sa pensée. Ils avaient partagé un moment agréable et de pures connivences et après avoir réglé l'addition, ils étaient restés assis l'un en face de l'autre un peu comme s'il fallait attendre de jouir de leur propre vie. Le programme de l'après-midi était restreint. Ils devaient visiter une partie du centre-ville en prenant le métro et faire du shopping, si Bùbù le désirait. Une visite certes, mais elle n'avait pas selon les dires une grande importance touristique. La station de métro était très proche à quelques minutes à pied. Yuyu demanda à And si le programme le séduisait et si le shopping pouvait lui faire plaisir, ensuite ils mangeraient dans un restaurant du centre de la ville. Il se réjouissait de tout, car la présence d'Yuyu y était pour quelque chose. Une intimité heureuse, inattendue s'installait entre eux deux. Comme la veille, un sentiment réciproque, une forte attirance à vouloir se rapprocher l'un et l'autre grandissaient.

Yuyu ne lui imposait rien, supposant que le voyage de la veille, et le changement entre le Nord et le Sud de la Chine l'avaient fatigué. And qu'elle appelait maintenant Bùbù accepta de la suivre dans le métro. Rien de tel qu'une bonne marche pour se refaire une santé... Et le but n'était que de faire des emplettes et faire la découverte de l'endroit. Yuyu devait être une guide charmante... tout était plaisant dans sa tenue, un peu électrique dans le mouvement, mais une manière délicate de poser sa main sur son bras et d'y ajouter le clin d'œil complice sans vulgarité presque innocente.

– OK ! OK ! répétait-elle en accompagnant de son rire enfantin.

Elle avait dépassé probablement la quarantaine, mais le temps n'avait accroché aucune ride profonde, ni même celles d'expressions inéluctables et ineffaçables. Elle gardait ce teint blanc de jeune fille, de jeune femme très distinguée, naturelle. Les cils noirs et soyeux dessinaient le haut du contour de ses yeux comme la touche fragile et fine du pinceau d'un peintre chinois sur une lithographie. Ses yeux en amande brillaient bizarrement d'un éclat sombre et obscur. Ils s'épanouissaient d'une beauté fulgurante, le noir se changeait dans un mélange avec autres couleurs merveilleuses, étonnantes, kaléidoscopiques.

« C'est une clarté lunaire et spatiale, je suis l'astronaute de ce regard cristallin », pensa And alias Bùbù.

Il sortit de sa profonde et émouvante réflexion sur l'effet sensoriel des pupilles de sa compagne, car dehors la pluie redoublait. Les gens courraient pour s'abriter. Ils s'agglutinaient devant l'entrée vitrée du restaurant. L'orage donnait de toute sa puissance et les éclairs flashaient l'intérieur de la salle à manger et les toiles des décors se couvraient d'images fugaces et psychédéliques.

La virée de l'après-midi semblait très compromise... And riait de la situation, et Yuyu après quelques hésitations éclatait de rire avec lui. Pas de dramatique, ils levèrent la tête ensemble vers le plafond comme pour désigner le seul endroit vraiment où ils seront à l'abri. Bùbù n'avait pas appréhendé le moment où ils allaient se retrouver seuls. Mais au contraire, il la désirait de plus en plus malgré l'épuisement qu'il éprouvait après cette mauvaise nuit sans presque de sommeil. La présence d'Yuyu le réconfortait avec lui-même.

Yuyu était mystifiée par le sourire et le charme que dégageait cet homme d'une autre identité. Elle tombait, s'accrochait à ce visage avec cette mâchoire de carnassier, son regard aux yeux pers, ce profil d'aigle, avec ce côté enjôleur toujours de bonne humeur. En s'assurant d'une virilité volontaire, il avait sans le savoir bouleverser les sens enfouis de la belle Chinoise. Balayant d'un coup du destin, les retenues et les ancrages sentimentaux formés par un bloc opposant et moraliste. Bùbù connaissait les moyens de la censure et restait irréprochable dans la tenue en évitant des débordements malencontreux habituels comme le font la plupart des amoureux de tous les pays du monde. Il n'était pas exhibitionniste et se contentait de tenir par la main sa partenaire dans la rue. Mais par cette façon, il voulait montrer à la face du monde que l'amour de deux êtres aux antipodes était possible et sans ambiguïté. Il évitait l'affrontement avec les passants et les badauds et respectait l'entourage immédiat, mais sans trop le proclamer, il était fier de sa conquête. Le couple ne passait pas inaperçu et comme à Beijing certains posaient leurs yeux étonnés sur l'un à l'autre en les croisant. Ce qui amusait Yuyu, qui en retirait une certaine autosatisfaction. Elle était en accord avec elle-même et rien de tout cela ne venait toucher son intégrité personnelle. Certaines convictions ne se partagent pas, comme d'ailleurs certains bonheurs. Elle rayonnait de ce bonheur exclusif. On aurait dit qu'elle voulait aviser les siens, son peuple de cet enthousiasme, cette ouverture vers un autre horizon, une nouvelle liberté, la fin d'une autarcie nationale. Elle voulait partager les joies et les jeux, autres que ceux des Jeux olympiques. Elle voulait échanger d'autres domaines, des valeurs humaines, des couleurs de peau.

Ils se tenaient par la main, ils couraient sur le trottoir, vers l'hôtel maintenant que la pluie et les éclairs diminuaient et que les violentes zébrures hachées ne fragmentaient plus le ciel avec leurs déversements d'eau et de couleurs. Elle le serrait fortement dans sa main comme si elle craignait qu'il lui échappe. Elle appuya dans la foulée sur le bouton de l'étage. Les portes s'ouvrirent devant eux presque aussitôt, ils s'engouffrèrent en riant, elle se blottit instinctivement contre lui en appréciant le contact humide et chaud d'And.

– Bùbù…
– Yuyu !

Elle resta contre lui, son bras en serrant la taille d'And, elle respirait fort après cette course folle dans la rue. Dans la chambre, ils se jetèrent sur le lit. Il n'était plus question de faire du shopping ! Dehors le temps avait pris curieusement des couleurs de plus en plus sombres et ne donnait nulle envie de se promener même si le tourisme peut être une source de plaisirs.

– My… Yuyu
– My Bùbù…

Le chant de la lune

Yuyu

Le soir était tombé et dans la chambre assombrie, Yuyu se réveillait lentement comme sortant d'un long et paisible sommeil, elle enlaçait avec mollesse le corps de Bùbù, le bras légèrement engourdi. Seul le ronronnement de l'appareil de climatisation accompagnait cette quiétude. Le froissement des draps et du couvre-lit donnait l'impression de vague d'insouciance du relâchement des corps. Elle ressentait une bienheureuse satisfaction et Bùbù à côté d'elle commençait à émerger, les traits du visage marqués par une débauche d'ivresse d'amour et de tendresses. Rien ne paraissait vouloir bouger ni fragiliser le calme inerte des deux amants. L'horloge marquait la fin de l'après-midi et l'orage s'était éloigné laissant derrière quelques pluies éparses et quelques roulements de tonnerre perdus dans l'immensité céleste. Rien ne pouvait intervenir dans l'immédiat, une langueur enveloppait leur esprit, une sereine ambiance les clouait dans leur léthargie amoureuse. Ni l'un ni l'autre n'osait faire un moindre geste trop brusque peut-être, trop maladroit, trop vulgaire, afin d'interrompre cet émoi et de se réveiller dans ce monde si cruel. Yuyu retardait cet instant, guettait d'un œil, le visage de son homme dont la joue s'appuyait sans presque le toucher le haut de son front. Leurs deux corps collés, imbriqués l'un dans l'autre, l'intérieur de la jambe gauche de Yuyu reposait sur le ventre de Bùbù. Seuls les yeux de chacun d'eux s'entrouvraient pour plonger à nouveau dans une fugace et paisible somnolence.

Yuyu fut la première à se lever et à faire sa toilette. Elle avait remis de l'ordre dans ses cheveux et elle cherchait sous le lit, ses dessous éparpillés sur la moquette. Elle semblait très heureuse et chatonnait une petite comptine enfantine. Elle était gracieuse et Bùbù s'amusait de la voir virevolter comme une danseuse. Il pensait yin et yang, il souriait de la singularité du résultat opposant des deux énergies. Il fallait admettre que la pensée chinoise telle décrite dans les livres et la vérité de la pensée capitaliste moderne pouvait se rejoindre sans créer forcément des divergences humaines.

Le rapprochement dans la consommation de biens et des services ouvrait de nouvelles portes sur des continents occidentaux. Yuyu et Bùbù étaient tous les deux conscients de l'avenir qui les attendait. Pour des raisons politiques quelconques, tout cet amour pourrait être détruit à néant par un régime exclusif et totalitaire en un instant. Des histoires semblables par le passé n'avaient pas empêché des hommes et des femmes de s'aimer au grand jour, séparées par des frontières et par des luttes dont ils étaient indifférents et dont les causes ne furent jamais satisfaites ni entendues.

Elle ne voulait pas être la Tisserande et ne voulait pas que Bùbù devienne le Bouvier comme dans cette légende très populaire. Bùbù ne connaissait pas cette légende, elle lui apporta une tasse de thé et les dessins qui se rapportaient à celle-ci.

Toute cette calligraphie chinoise, il n'y comprenait rien. Alors, elle s'essaya auprès de lui ; il était encore couché et nu. Naturellement, il écoutait ce qu'elle disait de cette légende. « Aujourd'hui dans ce pays, on parle encore de ce conte quand les gens sont séparés par une malédiction du ciel ou de la terre. Le Bouvier avait épousé la Tisserande sur terre, la dernière fille de l'Empereur céleste. Mais l'Empereur Céleste avait appris cette nouvelle, quand ils avaient déjà deux enfants, alors il envoya un génie sur terre pour que sa fille retourne au Ciel. Il en avait ainsi décidé. Pour éviter qu'ils se rencontrent, la femme de l'Empereur avait fait jaillir une rivière impétueuse entre les deux amants. Mais, devant leur insistance et devant le chagrin de sa fille, l'empereur leur accorda le pouvoir de se retrouver une fois l'an. Donc le septième jour du septième mois lunaire, les pies célestes formaient une passerelle provisoire où ils pouvaient se rencontrer avec les enfants. On raconte que souvent des gens attendent de voir cette passerelle entre deux constellations. Mais de l'antiquité à nos jours, dans ce monde moderne, les pies célestes ne seraient donc que les traces blanches d'un avion dans le ciel entre deux continents ? La rivière serait donc un océan entre les deux continents ?

Elle voyait juste. Beaucoup de choses pouvaient les séparer, mais pas de cet amour naissant. Il aimait cette poésie unique nulle part évoquée de cette façon, avec les mots qui coulent dans une atmosphère enivrante et mystérieuse. Bùbù crut entendre les allusions « Au parfum de miel ! » « Manger des cerises sous l'arbre « Ying tao chu » ce genre de termes abonde dans la littérature chinoise. Il adorait lire toutes les histoires chinoises, semées de symbolismes érotiques soyeux. La subtilité des messages amoureux donnait à son sens, plus d'amour encore pour celui ou celle qui les recevait. Poétiquement, il avait bien lu des ouvrages en décelant avec délectation toutes les finesses des auteurs, leur intrusion au cœur des sentiments. Affublant parfois certains organes humains de noms de fleurs, arbres, astres et saisons liés aux cinq éléments. Rendre tabous ces images, ces mots, ces poésies feutrées et ensorcelantes, il ne pouvait le concevoir : c'était perdre l'image et l'identité de la civilisation asiatique surtout celle de la Chine. Sans être un sinologue averti, il avait compris que des poètes de ce pays pendant des siècles avaient écrit et laissé des empreintes de leurs cultures idéologiques liées aux symboles de la vie sur terre. C'était indéniable !

Il attira Yuyu vers lui puis sur son papier, tout souriant, il écrivit en anglais un petit poème :

Ton corps ondulait comme le saule
La pivoine en rosée s'épanouissait
De perles de jade qui envahissaient
Le jardin de l'humide corolle

Jolies graines du printemps

Que l'abeille, en les butinant
Colore le cœur de la tige
Et de la sève en exige.

Yuyu restait là, étonnée de la rapidité avec laquelle il avait pensé et rédigé ce poème. Elle crut un moment qu'il avait copié ces deux proses dans un livre. Mais, il avait signé de son index et s'était désigné comme en étant l'auteur, il avait dit : —I write for you now... Il avait ri. Mais qui est donc ce Français ? S'interrogea Yuyu. Que venait-il chercher dans ce pays ? Elle admirait son calme et son sourire sans fin. Elle ne savait peu ou presque rien sur lui et de son côté lui ne savait pas grand-chose d'elle. Une chose semblait les réunir sans douleur : l'envie d'être ensemble et d'ailleurs, ils allaient rester ensemble pendant tout le séjour de Bùbù. Elle ne pouvait se détacher de lui comme si elle était aimantée et même soudée à son corps. Elle était seule dans la vie, sans enfant, et ne s'occupait que de sa mère donc aucun problème de par sa vie familiale. Bùbù était seul dans la vie et n'était soumis à aucune exigence ni contrainte d'ordre sentimental ou familial. Un globe-trotter déçu par le divorce et les femmes qui ont suivi, il avait décidé de parcourir le monde et peut-être rencontrer l'âme sœur si cela devait un jour lui sourire. La poésie avait remplacé les cœurs des femmes qui ne le faisaient plus frémir. Il trimballait une espèce d'indifférence et désabusé, ses conquêtes ne signifiaient plus rien de bien déterminant. Il écrivait quelques fois pour elles, mais sans succès auprès de ces dames qui souvent étaient bien ignorantes sur le sujet. Ne vivant que dans le brut et le métallique de la société de consommation, elles n'en avaient rien à foutre de ses poèmes, s'il n'ouvrait pas un portefeuille bien garni. Aujourd'hui, Bùbù le savait, les sentiments ne pèsent pas lourd devant un lingot d'or. Et la Chine n'était pas extérieure au mouvement, mais les sondages effectués il y a peu donnaient une préférence pour l'amour avant l'argent plus important, dans la vie pour le peuple chinois. Le fantasme de la femme asiatique avec ses mystères et sa sensualité existe ! Mais comment l'interpréter dans le monde occidental ? Les médias, les revues, les films représentent-ils vraiment dans leurs rubriques, les valeurs, la grande dimension de ce qui peut être les vies de ces femmes dans leur pays ? Quels sont leurs désirs ? Quels sont les rapports hommes et femmes et autres déviances en Asie ? Bùbù se posait bien des questions. Le mieux était de s'enrichir et de voir sur place.

Naturellement la barrière de la langue et tous les soucis du quotidien, il fallait s'y préparer. Il avait expliqué à Yuyu tout ce qui l'avait amené jusqu'à elle. Ce chemin n'avait pas de nom, mais il voulait connaître ce pays et ce monde tout simplement. Ressentir ce coup de foudre amoureux, c'était encore inimaginable encore il y a quelques jours. Cette rencontre n'était pas sur sa fiche de route. Aller vers l'habitant lui semblait très difficile, et vers l'amour, alors c'était presque impensable.

Il aurait pu aller vers le continent de l'oncle Sam et découvrir l'Amérique de Christophe Colomb. Mais il avait mentalement exclu cette idée. De tous ceux qui en étaient revenus, ils n'avaient rien à raconter ni retenu d'exclusif de leur visite sur ce continent qui puisse le conduire à y aller ! Mis à part les commentaires exhaustifs sur le capitalisme déraisonné et sur la grandiloquence de certains habitants en marge de la pauvreté des masses populaires de la démocratie à l'Américaine, rien ne l'attirait.

Se perdre dans le rêve américain, macho, vil, égocentrique, pornographe, ce monde de perversion, guerrier, les valeurs humaines basées sur l'argent... Las Vegas, New York. Il n'en avait cure.

Yuyu, elle n'avait pas su freiner ses instincts, elle avait tout de suite compris qu'elle ne pourrait pas se retenir face aux troublantes manières dont les évènements se sont déroulés et si rapidement. Tout opposait cette relation et pourtant le yin et yang affectueusement ont dominé, effaçant du même coup toute contrainte liée à l'identité familiale, à la religion et au racisme pour les deux amants. Enlevant de surcroît la pensée marginale, ils étaient harmonieusement amoureux l'un de l'autre et personne si c'était que par les armes n'aurait pu les séparer.

Dehors l'orage avait cessé et Yuyu disait qu'elle s'était enveloppée de nuages (yùn) et de pluie (xia yu) pendant ce temps-là et qu'elle avait ouvert son « cœur de fleur ». Bùbù souriait encore de cette métaphore.

Yuyu s'affairait et elle mit un point d'honneur à laver les vêtements du couple. Elle mit à sécher slip, soutien-gorge et maillot dans la salle de bain. Elle chantonnait pendant que Bùbù regardait la télévision, il était pensif, décontracté et encore tout rêveur, même un peu étourdi avec une petite peu de crainte : les passages de la vie d'homme célibataire à une vie de chevalier servant dans cette circonstance, ce n'était pas pour lui déplaire. Un peu rapide, certes, comme si l'on avait placé sur une scène pour jouer un rôle sans en avoir appris le texte et sans en comprendre le scénario. Assis sur le lit, il la regardait faire ses petites allées et venues tout en gesticulant avec le linge. Elle ne manquait pas de lui sourire à chacun de ses passages. Il la suivait des yeux l'air distrait, mais ne perdait pas une goutte du spectacle qu'elle donnait. C'était exquis, plein de promesses et de volupté. Après une douche réparatrice, il avait essayé de remettre ses idées en place et c'était à son tour à elle, de rester les yeux fixés sur l'écran de la télévision. Elle avait revêtu à nouveau une robe blanche (gipao) en soie le haut fermé par le col Mao qui lui sied à merveille. Elle était délicieuse : l'image de cette jolie femme avec ses cheveux glissants sur cette belle nuque lui faisait palpiter le cœur. Ce cœur qui semblait être fermé à jamais à toute tendresse. Dans un élan, il voulait s'excuser de sa désinvolture d'avoir profité de la situation, d'elle, sans compromission, mais déjà elle s'approchait de lui pour lui interdire tous commentaires pour ce qui s'était passé cet après-midi. Alors, il ravalait sa salive et l'embrassait affectueusement. Elle appuya sa joue contre les lèvres de Bùbù pour mieux sentir le frisson de ce baiser. Sublimes instants qu'ils partageront toute cette soirée.

Ils avaient choisi, le restaurant de l'hôtel qui surplombant l'avenue Zhanqian Road pour le dîner et une table placée près des vitres donnait une impression de grandeur sur la ville. La pluie avait repris de plus belle. Les files de voitures aux phares allumés s'engouffraient sous le restaurant comme des aiguilles avec de grands fils lumineux. Bùbù admirait ce spectacle quasi permanent. Il tournait la tête simultanément vers Yuyu et les carreaux zébrés de lumières par les phares des voitures filant devant la grande baie vitrée. Sa joie était grande et d'une pure grandeur, les images défilaient devant lui. Cet après-midi-là, il avait découvert qu'entre le rêve et la réalité, un espace troublant, infime pouvait relier les extrêmes. Tout se bousculait dans son esprit, le voyage, puis Pékin et la Grande Muraille, le visage de milliers de gens qu'il croisait et qui marchaient sans cesse autour de lui. Ce grand chambardement qui le sortait brusquement de son isolement de célibataire. Et Yuyu était cette ultime et savoureuse rencontre, cette fabuleuse idylle. Cette femme était là devant lui et lui choisissait avec une science qu'elle ne connût que d'elle-même, un menu des plus savoureux, équilibré et des plus sensuellement goûteux.

Quel bonheur !

Elle gardait ce petit sourire candide comme une gamine prête à faire une farce à une autre personne.

Et jamais de sa vie, une femme ne l'avait pas autant ému et excité, rien qu'au toucher de sa peau. Il croyait effleurer un pétale de fleur, de pivoine, un velouté parfait sans heurt, un lissage que seuls ceux qui ont pu y poser les doigts et mieux encore le contact du corps entier peuvent en connaître la chimie naturelle. Yuyu incarnait la beauté de ce que l'on voit et de ce que l'on ne voit pas, mais qu'on absorbe par les pores et les extrémités sensorielles. Un moment, il pensait à devenir aveugle pour mieux sentir son corps de lait, quand il avait fermé les yeux sur la blancheur exquise de ses seins et de ses cuisses. L'abondance de jouissance avait fini par le rendre encore plus amoureux et subjugué par les formes inexplicablement douces de cette enveloppe charnelle qui le chavirait, ivre de tant de délices hormonaux. Cette lenteur langoureuse, cette apoplexie d'amour, il n'avait pas su la retenir. Alors, il avait explosé le miel de sa vie dans cette rivière de jade et de jasmin.

Yuyu avait ressenti cette détonation et participa à cette incandescence survoltée en jouant de toutes ses vibrations externes. Une apothéose amoureuse, fulgurante et salvatrice libératrice ouvrant les suaves profondeurs de son corps, de l'extase vers cet abandon total des sens et de l'âme... L'épanouissement, l'amour, la symbiose organique, l'éclatement du bulbe sacré, elle n'avait jamais connu cet aboutissement exacerbé, cette pluie de larmes intérieures, glissantes, formant un torrent souterrain impétueux dans les vallées les plus intimes de son être ; non, elle n'avait jamais osé y penser, ni même essayer de savoir.

Elle bravait l'interdit, le tabou, toutes ces barrières sourdes et pernicieuses qui bloquent la vague dans l'estuaire du plaisir. Cette vague qui coulait comme « Le dragon argenté », un mascaret de délices et de flots intenses. Elle accédait à la liberté insoupçonnée, celle de vivre ces instants de femme, ces pulsions longtemps rejetées, ignorées, cette frustration presque secrète enfouie par des années de contrainte morale et familiale confinée. Elle rejetait cette éducation de femme soumise par des siècles de tradition et de culture du non-dit.

Aujourd'hui dans ce restaurant, elle renouait avec sa pensée, elle faisait face aux regards vicieux et libidineux de ceux qui ne pouvaient pas comprendre son comportement. Qu'il soit négatif aux yeux de certains, surtout de la part des hommes et de ces quelques femmes haineuses, jalouses, elle affrontait toute cette assemblée de « honni soit qui mal y pense ». Bùbù avait ressenti ce malaise, mais en vainqueur, et comme tout homme amoureux, il se reconnaissait presque invincible, fort au point de supporter toutes les attaques, les brimades et même les avertissements des autorités s'il le fallait. Il avait compris rapidement qu'en fait, le seul moyen d'éviter tout débordement zélé de celles-ci était de rester bien dans le cadre et ne pas provoquer ces briseurs de charme.

Il se servait de quelques formules de politesses qu'il avait apprises. Il respectait au mieux de son possible les convenances, mais Yuyu avait l'air de le rassurer par ses sourires complices et semblait maîtriser son sujet. Les espions de faible envergure et les « balances » de tout poil en mal de ragots malfaisants attachés à la police restaient dans l'ombre. Pourquoi troubler ce bonheur ?

Cet étranger (loawai) ne paraissait pas intéressant plus que cela à leurs yeux

Que la perspective qu'une grande histoire d'amour s'ouvrait devant eux n'était pas exclue pour les deux amants et de le penser à leur façon. Lui, le bloc rocheux rugueux et rude, s'effritait, devenait tout d'un coup sablonneux, tendre sous la main, curieux mélange de ciment siliceux.

Elle en avait rêvé souvent de s'asseoir et même de coucher près de ce genre d'homme. Sa présence virile, sa pilosité curieusement l'effaroucha au premier toucher. Ces épaules musclées, larges, protectrices, elle aimait s'y réfugier. Elle aimait s'y blottir avec la joue contre sa poitrine et sentir cette peau suave et légèrement brunie par le soleil. Entendre son souffle sortir de sa bouche, de cette mâchoire carnassière. Fondre de ce regard limpide, vert, doucereux, d'une onde ensorcelante. Elle flottait dans cette eau apaisante jusqu'au ravissement.

Lui aurait voulu être chanteur, danseur et parfois gangster, passionné par l'art, il avait beaucoup peint des toiles aux couleurs merveilleuses. Il entassait ses trésors. Il ne pensait jamais à les vendre, mis à part quelques-unes pourtant, que l'on avait trouvées très jolies. Mais son côté voyeur le rattrapait souvent, il observait toutes les images de la vie, mais il n'aurait jamais voulu être un paparazzi pour cela. Il se foutait bien de la vie des autres, de leurs luxures et de leurs turpitudes. Il détestait la pornographie, il avait son idée de la beauté féminine. Il aimait la photographie, l'arrêt sur l'image explicite, quelques fois ambiguë. La poésie picturale dans les yeux de l'autre et des autres.

Trop souvent déçu par les femmes qui l'avaient accompagné un moment de sa vie, il avait rejeté toutes envies de leur plaire et malgré un certain succès auprès d'elles, il s'ennuyait rapidement à leur présence. Il avait une existence plutôt passive vis-à-vis d'elles, peut — être un peu trop ?

Qu'était-il venu chercher dans cet endroit, découvrir d'autres horizons, d'autres visages, d'autres vies et d'autres images magnifiques ? Inconsciemment, était-ce cela, sans aucun doute, qu'il pressentait. Cette histoire peu commune en Chine, avec cette femme, qui lui donnait plus cette envie de tout voir, cette curiosité presque maladive, qu'il fallait assouvir. Découvrir ce monde mystérieux, opaque, être le reporter de lui-même, écrire son destin. L'homme n'est-il pas ainsi fait ? Fallait-il qu'il mesure et qu'il tempère son enthousiasme ? Visiblement, Yuyu lui apportait une autre dimension humaine.

Pendant que son esprit vagabondait, il regardait machinalement, les doigts aux ongles nacrés de cette femme assise en face de lui qui parcouraient le menu. Elle échangeait son regard avec lui par des clins d'œil interrogatifs. Elle choisit des plats sichuanais. L'épice n'était pas redoutable et laissait même un goût de piquant savoureux et doux à la fois quand le dosage des fruits pimentés était respecté dans l'art de faire cette cuisine un peu caustique, mais agréable. Seuls certains grands maîtres avaient acquis cette touche de raffinement dans l'exhausteur naturel du goût sans détruire l'essentiel des morceaux ou des pièces, finement découpés. Le riz reste sans contexte dans la cuisine chinoise, l'aliment de base dans l'accompagnement des divers plats et souvent un régal irrésistible pour les amateurs de la cuisine asiatique. Bùbù était de ceux-là, ces hommes et ces femmes en recherche de saveurs innombrables dans la cuisine mondiale. Il n'en faut guère plus pour ravir cet homme épicurien, dégustateur et amoureux des choses de la vie.   Ce serait encore une belle soirée. Ils le savaient tous les deux. Incontrôlables et insensibles à l'espace ambiant, les deux amoureux batifolaient sans retenue. Dans un coin, un couple de Russes semblait aussi à l'unisson. Bùbù se rassura et se laissa porter par la magie de ce soir qui ne ressemblait à aucun autre vécu, jusque-là. Il restait en admiration devant les tentures aux parements dorées et les embrasses finement cousues de dorés et de guipures tressées. Il pensait aux heures de travail passées, de ces gens, le dos courbé sur les ouvrages, s'appliquant à rendre par l'excellence virtuosité de leur travail, un juste émerveillement aux yeux de l'humanité. Il aurait bien voulu toucher ce tissu, le soupeser, passer sa main sur chaque trame, glisser ses doigts entre les fils pour percevoir cette extraordinaire dextérité.

Yuyu, rayonnait, de satisfaction, le cœur empli d'amour et de tendresse débordante. Elle avait fait le pas en avant que beaucoup n'osaient pas faire. Seulement, elle avait choisi le chemin sinueux, celui qui demande des qualités d'esprit, de la dévotion, de l'élan vers une chose bien confuse qu'elle n'ait pas déterminé : l'abstrait langage de l'amour sans frontière. Peut-être, ce petit penchant pour les choses difficiles, celles qui renforcent, celles qui donnent de la joie intérieure, sans souffrances, sans haine, ni discrimination. Comment expliquer ce mouvement libre, ce courant vers l'inconnu, ce futur inconnu, cette démocrate avancée, celle que tout un peuple de notre ère peut prétendre ?

Elle avait faim. Les baguettes jouaient leur rôle de danseuse d'Opéra entre les galettes de soja et les haricots verts, faisaient l'entrechat sur les morceaux de poulets et les fines aiguilles de cives. Elle glissait les aliments entre ses lèvres ouvertes brunes et brillantes par le suc des petits légumes aux aromates. Le gingembre forçait le bouquet. Elle souriait à chaque bouchée créant une danse de l'enchantement du mariage de la vie et ses substances…

Demain soir, ils décolleront de l'aéroport de Baiyin vers l'île d'Hainan. Le vol vers Haikou ne durerait qu'une heure environ.

Île d'Hainan

L'avion pour Haikou avait pris du retard au décollage. Dans le hall, les gens patientaient, mais semblaient être très nerveux. Personne n'aime être en retard, que ce soit en Chine ou ailleurs surtout quand on n'en est pas responsable. Yuyu restait assise au milieu de la rangée de fauteuils et attendait sagement le départ. De temps en temps, elle et lui regardaient machinalement la porte d'embarquement. Ils se souriaient mutuellement en guise d'acceptation. Complices obligés de cette situation avec une grande courtoisie. D'une certaine façon, ils étaient déjà liés et noués par cette corde invisible de l'amour. Elle avait remarqué la sensibilité et l'impatience de Bùbù, elle avait dit simplement :

–What you are doing Bùbu?

—Nothing. I look you

– Why ? avait-elle demandé tout effarouchée d'un seul coup. Elle y ajouta un clin d'œil des plus explicites. Puis, rougissante, elle baissa la tête respectueusement. Devenait-il son maître ? Il ne le voulait surtout pas !

–You are beautiful! Il avait déjà sorti la caméra et commença à filmer Yuyu, « Smille you... »

—No good, I am tired, you must not...

– I must... il rétrécissait du champ en évitant de mettre les autres passagers dans l'objectif. Il captait ce moment inoubliable.

Il était fier d'elle, elle ne s'opposait pas maintenant, elle laissait faire son imagination, l'œil de verre de la caméra parcourait le corps de Yuyu de haut en bas, comme pour marquer à jamais cet instant opportun. Quelques jours se sont passés, hier ils avaient décidé qu'elle ne rentrerait pas à son hôtel, il dormirait avec elle. Ils n'avaient pas envie de subir une précoce séparation, chacun de son côté savait que les jours où ils seront ensemble étaient comptés. Rien ne disposait, à ce qu'ils se rencontrent. Ils avaient adhéré à l'unisson à cette chance unique.

« Yuè, moi, fille de la Chine, en respect à mes ancêtres, je suis, pas à pas, un parcours dans cette grande vallée heureuse où coule le fleuve du bonheur, avec cette magique bonté du Ciel. Je me laisse emporter par le courant, comme le poisson dans son élément vital. Que la grotte du tigre blanc soit visitée et que la fleur de jade soit arrosée ! Que les mauvais esprits aux lions en pierre restent muets ! »

– What, you think? Il l'avait dévisagé fixement.
– Think you Bùbù! Elle portait cette incontestable beauté de l'amour.
– Really?
– Yes, you.

Il avait arrêté d'enregistrer, cette fille lui plaisait de plus en plus. Ce charme asiatique, elle le représentait, elle pourrait être ambassadrice de cette population. Surtout dans cette robe blanche, soyeuse et bien ajustée, ses cheveux qui couvraient insolemment sa fine nuque, son visage de blanche estompe embelli d'un radieux sourire et ses jambes de danseuses. Elle irradiait, elle avait une aura de mystère. Il fondait d'admiration devant le spectacle féminin et troublant. Leurs paroles s'évaporaient dans l'espace feutré du grand couloir moquetté et presque vide de tout passager. On aurait cru qu'ils communiquaient seuls au monde.

Le panneau de départ annonçait : Delay

Elle avait tout organisé, un collègue les attendait dans la ville de Haikou. Demain, ils devaient se lever de bonne heure et déjà la nuit était très avancée.

Puis tout se précipita, comme des ressorts sortis de leur tension excessive, les gens se levèrent d'un même élan pour se mettre en place vers la porte d'embarquement. On sentait un certain agacement et l'électricité passive se diffusa en énergie de souffle (qi) au bord de l'explosion souterraine. La bousculade s'amplifia, et la plupart des passagers grommelant essayaient de prendre une place dans la queue d'attente. Ils s'engouffraient avec des mines crispées dans le couloir d'accès vers l'avion.

L'accueil souriant de l'équipage n'avait pas estompé la nervosité de certains. L'air semblait plus lourd et l'agressivité était présente. Chacun essayait de placer ses bagages dans les coffres des cabines et un désordre s'en suivit. Bùbù restait très calme, attendait patiemment son tour. Yuyu faisait de même, d'ailleurs rien ne pouvait les ébranler. Dans le couloir central, un petit homme, devant Bùbù, s'évertuer à faire entrer une valise trop grande dans le logement. Il semblait très excité, oppressé par le regard abusé du Français. Il lâcha le bagage brutalement en voulant le rattraper, il assena un violent coup de coude dans l'abdomen de Bùbù qui ne pouvait l'esquiver. Impossible pour lui de reculer, bloqué par les gens qui le suivaient. Il cria de douleur sous le coup, la valise lui tombant sur la tête. Il y eut un court moment de silence comme si cela était un incident habituel. Ce petit bonhomme n'avait traduit aucune excuse envers le Français qui se maîtrisait contre la douleur et faisait face à cet énergumène sans politesse. Yuyu donna le ton au monsieur, elle élevait la voix contre le petit chinois qui baissa la tête, une hôtesse de l'air intervint et le problème fut clos. Mais la douleur était là, mal placée, une douleur très forte et qui embarrassait le Français. Le coin de la tempe droite un peu meurtri et légèrement sanguinolent.

–How are you Bùbù? Elle s'inquiétait, elle plongeait son regard par en dessous pour voir le visage de son compagnon pendant que l'avion amorçait son décollage sur la piste de l'aéroport de Baiyin.

–   Fine... finit-il de répondre en souriant ?
–   Ha ! Good ! I am happy. Elle tapota de sa main gaiement le genou de son amant.

– Thank you! My Yuyu!

L'incident paraissait bénin, presque futile. Ce n'était rien dans la vie d'un voyageur comme Bùbù, mais il avait marqué son esprit, car c'était la première fois que l'on avait eue si peu d'égards pour lui. Ce petit bonhomme sans grande importance physique avait contrarié l'harmonie de ce périple. Comme si un grain de sable allait empêcher la machine de marcher ?

Le voyage fut de courte durée pour arriver sur île d'Hainan. Un taxi les attendait qui les conduirait vers le premier hôtel de transition. La fatigue et la douleur persistante avaient eu raison de Bùbù. Il grimaçait de temps en temps, mais restait lucide malgré l'hématome bien présent sur le coin de l'œil. L'abdomen lui cuisait, il avait pris le plaisir à partager le petit lit avec Yuyu. Elle l'avait prodigué de plein de tendresse et le mal même sourd, quelquefois intense, il l'avait oublié pendant ces heureux instants. Elle était restée longuement éveillée, mais elle n'avait pas résisté longtemps pour s'endormir profondément dans ses bras.

Quelques heures de sommeil, il fallait repartir. Bùbù avait repris son entrain et les douleurs de la veille avaient passablement faibli. Yuyu ronchonnait, elle n'avait pas son compte de sommeil et cela se voyait à sa mine un peu froissée. Le retard de l'avion et les stigmates sur la peau de Bùbù l'avaient dérangé. Après un petit déjeuner un peu trop rapide, marqués par cette nuit trop courte, ils déambulèrent dans le lobby, comme des automates. Ils furent accueillis par un collègue de Yuyu. Le guide, un grand gaillard très jeune au visage peu avenant les attendait, l'air contrarié. Ils échangèrent quelques mots, mais le ton n'était pas passif, plutôt assez élevé quand ils montèrent dans le petit bus qui ne correspondait pas à la description que l'on en avait faite. L'état de présentation du véhicule laissait à désirer. Les fauteuils en cuir ne brillaient plus depuis longtemps et tout sentait le vieux. Le parterre était jonché des restes d'un autre voyage, semble-t-il ? Peut-être, était-il bon pour la réforme ?

Yuyu ne discuta pas longtemps devant le spectacle. Des gens d'un air patient avaient déjà pris place et riaient de l'humour qu'elle apportait. Elle décida de s'asseoir à côté du chauffeur là où tout semblait propre. Laissant à ce guide très peu de possibilités de prendre sa place pour parler dans le micro. Il s'essaya sur le capot renflé du moteur en fronçant les sourcils. Mais, on sentait qu'il voyait les choses d'un autre œil. Il avait bien du mal à contrôler les mouvements du bus.

De plus, que le temps un peu maussade ne rendait pas trop gaie l'aventure, car il avait plu la nuit. Des nuages gris et noirs se tordaient dans le ciel et empêchaient les rayons du soleil de faire leur apparition. Sur le macadam et les trottoirs, les gens évitaient les mares d'eau. Les mobylettes éclaboussaient de leurs roues en éventrant les flaques présentes sur le sol. Quand le mini bus s'ébranla, les vitres latérales vibrèrent sous la lente l'accélération du véhicule. C'était presque gênant à l'oreille. Bùbu porta sa main sur la glace en verre pour ne rien entendre. Yuyu était loin de lui et semblait l'ignorer. Alors, il regarda le paysage qui dans la région était presque sans intérêt. Mis à part les rizières et les champs de légumes, quelques bœufs gris traînaient lentement des charrettes dans ce décor campagnard. Au loin, des paysans courbés semblaient figés dans la verdure des plantations maraîchères. Le minibus roulait à faible allure comme si le moteur était poussif. Bùbù avait le temps de prendre quelques clichés. Il distinguait au loin ces personnages, leur chapeau conique était un point de repère facile pour les yeux. Que faisaient-ils au milieu de ses rainures boueuses ?

Son observation fut interrompue par la voix saccadée et forte du guide, toujours assis au même endroit. Il s'exprimait en chinois, il ne sortait aucun mot anglais. Un homme fort a une voix qui porte loin. Le Français n'arrivait pas à se familiariser avec ce langage, brut, métallique. Cela avait pour don de l'agacer telle une agression verbale. Il aurait donné de l'argent pour que cet homme se taise. Il argumentait et décrivait les paysages traversés, mais cela aurait été plus commode de regarder sans son concours.

L'autobus allait vers Hangshu, ensuite vers la ville de Qionghai, par une autoroute très large et de temps en temps dépassait un pont habillé de banderoles en l'honneur des Jeux de Pékin. On voyait l'emblématique logo presque partout. Un retentissement énorme sur l'Empire du Milieu...

Bùbu lui avait encore ce mal qui le gênait et les secousses n'arrangeaient rien. En réfléchissant bien, l'incident de la veille provoqué par ce petit bonhomme lui semblait suspect. Il avait prolongé le coup, mais il aurait pu éviter de le porter. Pourquoi ? Du racisme peut-être ou alors il a eu affaire à un teigneux de la pure espèce. Cela ne le rendait pas heureux. Ces gens autour de lui, des pères, des mères de famille et des enfants, tout ce groupe respirait la gentillesse, ils riaient avec lui, courtois et polis.

French ? Paris !

Cela annonçait une bonne entente avec les Français.

Yuyu répondait en chinois et ils souriaient de plus belle. Une ambiance de bon aloi. L'île d'Hainan n'était plus éclairée que par un pâle soleil maintenant et ressemblait un peu comme à tous les rivages de bord de mer sauf que c'était différent pour Bùbù : il se trouvait sur le bord de la mer de Chine méridionale. Respirons-nous mieux ailleurs ? En Asie ou en Amérique ?

« « *Il respirait surtout l'odeur de cette femme qu'il n'attendait pas, celle qu'il appelle maintenant Yuyu. Le jasmin, la fleur de thé, il cherchait dans sa tête ce mélange parfumé, il repensait qu'il avait bu à ses seins, aux auréoles brunes, brillantes et lactées. Il était son enfant, celui qu'elle n'avait jamais porté. Il portait ce matin encore sur ses lèvres, l'empreinte douillette de ses tétons noirs et arrondis, comme une goulée de miel. Il s'était fondu en elle comme un métal rougeoyant perçant ses secrets. Il avait encore le cœur qui palpitait à chacun des mouvements de leurs corps entremêlés. Elle lui apportait un exotisme épanouissant et une douceur intérieure. Cette pudeur et cet éblouissement le rassuraient ».*

Les visites de parcs, de monuments, magasins de souvenirs, d'expositions de jade et de perles se succédèrent. Le groupe suivait le régime imposé par le guide qui n'hésitait pas à hausser le ton quand les traînards se faisaient attendre pour repartir vers une nouvelle destination. Bùbù faisait partie de ceux-là, car il aimait bien contempler les paysages et les gens qui y gravitent. Il grinçait des dents plusieurs fois devant ce guide bien hargneux décidément. Rebelle, il serrait les poings bien fortement pour ne pas porter préjudice à sa bien-aimée.

Yuyu s'était déplacée dans le bus. Assise juste sur le siège devant lui, elle lui tenait la main en signe d'affection. Elle voyait sur sa tête le désagrément que lui causer la barrière du langage.

– Comment allez-vous ? Ce sont quelques mots qu'elle ait appris avec lui et c'était un délice de l'entendre poser la question.

– Bien ! Et ils raient ensemble. C'était vraiment beau à voir, ces joies éclatantes, cette complicité spontanée, cet échange. Le guide, ce monsieur sans nom regardait avec sévérité Yuyu, un mélange de jalousie et de cruauté maladive se lisait sur son visage. Les traits arqués de ses yeux noirs pointaient sans cesse dans leur direction. Il épiait chacun de leurs gestes. Un affront, une imposture. Rare était la Chinoise aussi désinvolte. Lui le macho, ne pouvait pas supporter cette alliance avec ce Français. Ce xénophobe, il aurait bien voulu voir le Français autre part que dans son axe de vue. Yuyu n'était pas la première Chinoise à rencontrer un Occidental, un Français puisque cela était le cas. Mais s'exposer de cette façon, il se penchait sur le cou de Yuyu pour lui parler. Pensait-il avoir affaire à une courtisane ? Que cela serait facile avec elle ? Mais, Yuyu lui fit comprendre assez vite qu'il n'était que son collègue. Rien de plus ! Alors il chercha toutes les manières pour lui rendre le voyage difficile ainsi qu'au Français qui se mit à se foutre carrément de sa gueule pendant ses discours hachés. Pendant les arrêts, ils en arrivèrent presque à l'affrontement, les bousculades, des heurts, des coups d'épaule à peine perçus de la vue des autres voyageurs bien trop occupés par leurs affaires. Mais Bùbù était trop amoureux pour se laisser impressionner par ce butor. C'est à ce moment qu'il comprit le geste de l'homme de l'avion. Tout paraît anodin, personne ne se préoccupe de la situation, mais le coup bas faisait partie des querelles. Il voulait faire valoir ses droits de guide et personne n'irait le contrarier. Il jouait de sa musculature, faisant rouler sa massive carrure comme dans un défilé de Masters Man.

Le motif paraissait simple.

« Cet étranger osait toucher à la gent féminine, peut-être leur apporter un confort existentiel, amoureux et sexuel ? Leur donner l'espoir, la liberté, cette mutation déjà trop effective dans le pays. On ne doit pas changer les mœurs et les coutumes sans en payer le prix fort. Ce bellâtre n'était que de la fiente de chat. Il priverait sans scrupules les Chinois de leurs perles. Ce sourire carnassier, il aurait bien aimé le démonter. »

Yuyu voyait cette rage, elle restait passive, elle voulait éviter l'affrontement.

– Du calme Bùbu, disait-elle. Elle lui serrait encore plus fortement la main. Il savait se tenir en public et rien ne transparaissait sur son visage, le front lisse et la bouche fermée, ses yeux restaient impassibles et indifférents devant le provocateur.

Bien sûr, le guide s'était bien gardé de leur dire de changer leurs vêtements avant d'embarquer sur un radeau sur Quanhe River. Yuyu et Bùbù se sont retrouvés au milieu d'une gigantesque bataille de Gibraltar, à coups de pompe à eau, fabriquée avec des tuyaux en plastique. Une bataille entre radeaux, on les avait copieusement arrosés, mais pas sans se défendre. Il a fallu pour eux qu'ils payent une cabine installée à cet effet (on ne perd pas le sens des affaires) rapidement pour pouvoir s'installer dans le bus convenablement séché. Cette douche inattendue n'avait laissé aucune amertume dans l'esprit des deux amants comme pouvait le supposer « le mauvais guide ».

Yuyu en parlait très méchamment : This bad man! Puis elle embrassait son amant sur le coin de la joue pour bien prouver son choix, elle n'avait pas envie de faire plaisir à cet énergumène. Tout doucement, le groupe commençait à fulminer contre ce « jià huo ». À fin de la journée, une vieille dame cria sur lui comme si la tempête éclatait dans le bus, il répondit dans la négative et le ton monta encore plus. La vieille dame ne pouvait pas se contenir, elle cracha par terre pour marquer sa colère. Lui, il leva un doigt antipathique en direction de celle-ci alors les gens soufflèrent ensemble d'indignation, effarés devant ce geste. Son allure de guerrier le rendait encore plus méchant. Alors, il fit stopper l'autobus et la dispute continua de plus belle. Une histoire de non-respect du contrat.

Pour Bùbù, qui ne comprenait rien, ce qui le rendait mal à l'aise, c'était la férocité des paroles accentuées par le langage propre au Chinois. Le Chinois est une langue dont les intonations sont très frappées et le fait de crier, augmentait l'agressivité des personnages. Le moteur arrêté, sur une place de village, la dispute enflait entre la vieille dame et le guide. Il fallait attendre que les choses se calment. Tous les passagers prenaient pour ou prou à cette polémique ? L'ambiance était devenue maussade dans le bus. Bùbù gardait un calme olympien tout à fait de circonstance dans le pays. Yuyu se fâcha un moment en voulant rétablir l'ordre ce qui le laissa perplexe. Comment cette femme pouvait-elle exercer d'un avis sur tous ces gens ? Mais rien n'y fit, le guide passa un coup de téléphone à l'agence et les gens se mirent d'accord.

Ouf ! Le calme revint, le bus reprit la route, en vibrant de toute sa carcasse, et la radio du chauffeur fit entendre sa voix par l'intermédiaire d'un chanteur de blues chinois. Bercés par les langueurs suaves d'un trajet qui n'en finissait pas, les uns après les autres, les passagers s'endormaient. Tous étaient ballottés et parfois secoués par les cahots de la route. Bùbù lui ne voulait rien rater, ni du paysage ni tous ces gens que le bus croisait. L'indifférence dans leur regard vers une direction toute tracée qu'ils suivaient sans curiosité, la tête ailleurs, l'étonnait. Seuls des cyclistes semblaient occupés par leur équilibre et leur chargement quelques fois énorme, gigantesque, s'assuraient en tournant la tête de ne pas le renverser sur la chaussée. Des images d'hommes sous le joug, des hommes hâbleurs maigres aux mains racornies et la peau brûlée par le soleil plus chaud ici, sur cette île ; cela, seulement pour un gain de quelques yuans qui serviront à nourrir la famille. On aurait pu rire de ce spectacle de cirque, mais derrière cela, sans doute, une immense détresse, une misère humaine se cachaient.   Pendant   que certains ronflaient, d'autres s'activaient pour une poignée de riz. Yuyu, la tête appuyée contre le rideau de la vitre, elle aussi était entrée dans les limbes du sommeil. Bùbù s'étonnait de sa résistance : une sorte d'autodéfense   contre   d'éventuelles   agressions humaines   ou   terrestres.   Les   rayons   du   soleil réchauffaient l'habitacle et l'humidité matinale était disparue. Le guide semblait résister aux somnolences, il tournait la tête pour constater que le seul à ne pas y succomber, c'était le Français. Il serra les dents, fronça des sourcils. Bùbù lui adressa un regard moqueur presque provocateur et détourna la tête avec dédain pour regarder le paysage.

Bùbù avait bien compris cet homme ainsi que son message. Il avait une chevelure hirsute et drue avec un regard d'acier. Le Français n'avait pas rencontré dans ce pays un antagoniste de la sorte et il ne s'étonnait pas d'y avoir échappé jusque-là. Le monde est ainsi fait. Un mélange de caractères et de pensées : Une culture qui apporte le bien et une autre qui apporte le mal sans savoir qui a raison. Les droits de l'homme pour une meilleure existence : C'est une utopie pour Bùbù, car même les plus élémentaires sont bafoués mondialement. Bùbù n'avait connu que la démocratie. Il restait accroché à l'idée que ce n'était pas forcement le meilleur des régimes. Mais, il n'en connaissait pas d'autres, n'avait jamais subi de régimes particuliers ni entendus de « chez les autres ». Alors, la politique, ce n'était pas devenu vraiment son cheval de bataille.

Comment pouvait-on aujourd'hui, gouverner une population vingt fois plus grande que la France ? Alors qu'en France, on n'arrive pas à vivre totalement en paix. Certaines régions réclament encore et depuis longtemps leur autonomie.

Ce guide l'avait amené à des réflexions politiques et ce n'était pas le but du voyage qu'il s'était fixé. Il commençait à le haïr profondément. Celui qui devait semer la bonne humeur devenait malheureusement un fauteur de troubles, un acariâtre.

Yuyu émergeait, sortait de sa léthargie, souriait, s'étirait, le collègue en profita pour s'en approcher et poser sa main sur son épaule nue. Elle le rabroua sèchement. Il prit son air de dragon jetant le feu, les narines retroussées avec ses grosses pattes crochues en attaque et s'étira comme un animal en furie pour marquer son territoire, comme si tout lui appartenait. Yuyu l'injuria et il recula devant ses paroles, la haine et la honte sur le visage. Là, encore, il avait manqué de tact et de respect. La gêne se lisait sur son visage. Yuyu, le visage tourné ailleurs, le laissa pour compte. Il aurait bien frappé pour convaincre de toute son autorité. Tout le monde dans le bus semblait attendre, un geste malsain de sa part et le comportement qui en découlerait. Bùbù avait serré fort la tubulure en acier du siège devant lui. Comment peut-on donner un travail public à un citoyen de cette espèce ?

Le chauffeur guettait furtivement dans son rétroviseur, lui aussi semblait très inquiet de la tournure des évènements. Un silence s'en suivit. Seul le ronflement aphasique du moteur se faisait entendre pendant les reprises de vitesse. Le voyage s'annonçait houleux. Bùbù était né dans l'est de la France et il avait connu les étés chauds et la senteur des blés, l'odeur âcre et sucrée des coquelicots, l'hiver glacial presque insupportable, l'onglet, les engelures. Il admirait les paysages neigeux. Le ravissement du printemps l'emportait avec les perce-neige et les boutons-d'or, les violettes qu'il cueillait pour sa mère quand il était plus jeune. Tous les ans, il parcourait les bois pour rapporter symboliquement un bouquet de muguets qui allait sécher dans un petit bocal. Il avait appris un métier navrant qui n'existait plus aujourd'hui, celui d'ajusteur sur métaux, noble à cette époque, il consistait à faire des assemblages mécaniques glissants. Tout cela avec des limes à main, précis au centième de millimètres. Presque un art, remplacé maintenant par des machines-outils. Il avait toujours été proche de la nature plus que des hommes, car beaucoup l'avaient déçu par leur cynisme. Peinture à l'huile, et poèmes faisaient partie de ses loisirs avec le sport. Il s'était construit une âme de poète et de pacifiste. Il ne militait pas, il était un non violent, mais pas grégaire pour autant. Il défendait les causes les plus nobles comme la misère dans les pays sous-développés. Curieux comme une pie, il aimait les voyages.

Et c'est pour cela qu'il avait accepté de vivre avec des Chinois, des gens du peuple pendant quelques jours dans un parcours initiatique. Mais maintenant, il était surpris de tout ce remue-ménage. Alors que personne ne regardait les paysages, lui, il aurait voulu que le bus puisse s'arrêter pour prendre des photos. Goûter au calme de la campagne qui était très verte et même somptueuse par endroit.

.

Jamais il n'aurait imaginé rencontrer cette femme aux cheveux et yeux noirs en amande, là, dans cet univers, en Asie. Ils ne se trompaient pas ni l'un ni l'autre, ce n'était pas un jeu et Yuyu était prête à défendre l'amour qu'elle portait pour cet homme. Personne ne viendrait perturber cette harmonie. Surtout pas, ce mec qui avait cru qu'elle était une fille facile. La Révolution était passée par là, abolissant certaines pratiques de domination ancestrale de l'homme sur la femme dans la Chine antique, le droit de concubinage, de séquestration abusive et de cuissage avec l'honneur d'être celle choisie par le maître et selon son humeur. Souverain et quelques fois despotique, il châtiait celle qui voulait sortir des rangs ou ne voulait plus se soumettre. Un lupanar fermé, consenti, toléré. Un enfermement à vie. Tout cela Yuyu le savait. Elle connaissait cette ancienne coutume de l'adoration pour les petits pieds parce qu'un jour l'Empereur était tombé amoureux de ceux de sa concubine. Alors, pour cette raison qu'une des filles dans de nombreuses familles devait porter ces chaussures déformantes dans le but d'amincir le pied pour avoir un jour peut-être la possibilité de plaire à l'Empereur. Cela devint un embellissement, une sorte de séduction. Aujourd'hui, cette déformation plantaire volontaire n'existe plus ou presque. Dans certains endroits, des personnes très âgées en souffrent encore.

À croire que ce paysan parvenu voulait perpétuer ces anciennes pratiques… Yuyu parlait de lui en disant qu'il sentait le fumier et la chèvre !

—Is bad the fellow, Bùbù! Sachant bien qu'il ne comprenait pas un mot d'anglais.

Bùbù avait répondu, yés ! Avec une grimace de répugnance puis avec la main, elle fit une sorte de cercle en voulant expliquer qu'il fallait laisser tomber. Il exprima son détachement, mais restait vigilant à tout ce qui pourrait se passer. Faire du tourisme disciplinaire, cela gâchait le plaisir, un peu trop même du Français, qui n'avait jamais vu une manière si peu orthodoxe de concilier la façon de visiter. Consommer semblait être plus important que de rester un moment à regarder le paysage ! Il avait déjà ressenti cette ambiance au rythme accéléré, quand il avait visité Beijing et que les sites se succédaient sans temps mort. Sur cette Grande Muraille, il avait demandé un répit à Camilla. Le rythme infernal imposé comme des quotas de temps tuait les moments de méditation, voire de réflexion. Pour un curieux comme Bùbù, la frustration devenait de plus en plus gênante dans son esprit et le contrariait profondément comme une plaie intérieure. Quelque chose d'indéfinissable et d'exécrable le perturbait que le dragon aux allures simiesques, rendait encore plus désagréable.

Mais il gardait ce sourire insolent devant cet animal en furie. Rien de plus dominateur que celui qui conserve sa bonne humeur même dans les moments les plus délicats.

Le sourire du guide était un affrontement.

Au loin, sur les pentes du Mont Dong shan, le paysage était très harmonieux et le soleil en prenait possession comme une vague claire et diaphane. Bùbù accrocha ses lunettes de soleil, cette blancheur lui faisait mal aux yeux. Nous étions au troisième jour de l'escapade en minibus. Une pose pour aller nager dans les environs de Sanya.

– To swim? Yuyu posa la question pleine d'enthousiasme. Elle sautillait d'impatience quand Bùbù l'a prenant par la taille et soudainement la souleva de terre en criant :

– Yes, OK, I like to swim! Il avait regardé le guide en le toisant de haut en bas avec dédain.

– Yes, it's good!

Un moment fort, ils allaient s'unir dans la mer de Chine, s'ébattre comme de jeunes dauphins, leurs corps salés et luisants dans cette écume : les océans et les mers ne réunissent-ils pas les continents ? Bùbù en avait oublié ses blessures et l'affreux guide qui tourmentait le couple. D'ailleurs, il n'avait pas une grande rancune et ne se méfiait plus de lui. Au point de l'ignorer totalement. Bùbù fut le premier à se jeter dans les vagues toutes proches. Le bord de la plage était aménagé et les limites de la baignade jalonnée par des flotteurs en liège. Une musique diffusait ces notes entre les parasols de paille de cocotier. Un bar et des baigneurs, des estivants profitaient des joies tout à fait nouvelles de l'eau et du sable. À première vue, beaucoup d'entre eux ne savaient pas nager et semblaient peu rassurés devant la marée pourtant assez calme à cette heure matinale. Yuyu se lança enfin et ils retrouvèrent l'un contre l'autre en batifolant comme lié dans l'élément le plus merveilleux de la planète. Elle portait un agréable bikini dont le tissu imitait la peau de léopard et qui lui allait à merveille. Épuisés par des allers et retours entre deux rangées de bouées limitant la surface de surveillance des maîtres-nageurs. Ils s'affalèrent sur la plage, lovés l'un contre l'autre devant une foule, un peu médusée. Ils étaient les seuls à pouvoir s'éloigner aussi loin du rivage. Yuyu riait beaucoup et donnait beaucoup de joie à son amant.

Un peu de répit oubliant pour un temps le stress du voyage dont la seule personne qui en était responsable était cet incorrigible guide. L'organisation des vestiaires était impeccable. Mais se profilait la tête de dragon. Les sourcils relevés et les naseaux fumants, il fit comprendre le retard que les deux baigneurs avaient pris d'un air grincheux. Bùbù avait bien compris la critique quand il a vu tout ce petit monde de touristes qui attendait sagement assis dans le bus. Leurs regards un peu lourds de reproches finissaient la scène.

Encore une fois, Yuyu ne s'en laissa pas conter et l'incident fut vite oublié.

– Dui bu qi! Dui bu qi! Personne ne contesta l'excuse. Le chauffeur embraya, et secoua la carcasse du véhicule avec les bruits qui l'accompagne.

Un silence de mort en suivit et les voyageurs commençaient à piquer du nez. La fatigue des derniers jours faisait son œuvre. Yuyu détestait cet homme et se jurait de ne jamais travailler avec cette «*face de rat*». Bùbù malgré son air passif sentait l'antipathie monter. Pour lui, c'était le premier chinois qui le mettait hors de lui. Avec son air hautain et dédaigneux, ce chinois avait gâché des moments agréables. Comment fallait-il interpréter ce comportement? Comment lui faire comprendre qu'il n'avait pas envie de subir son humeur quasi militaire? Pouvait-on classer ce genre de type et dans quelle catégorie? Yuyu pouvait intervenir si le Français pouvait craquer. Elle lui fit signe de se taire quand il avait commencé ouvertement de se moquer du chinois en imitant grossièrement ses mimiques et sa façon de parler. Tout en riant, elle avait plaqué sa main sur sa bouche en l'embrassant sur la joue.

Le dernier jour arriva avec la fatigue des visites accumulées. Ces visites de fabriques de poissons, de chocolats, de café, souvent formées dans le même rituel ; un de labyrinthe, un dédale de rayons très achalandés, d'étalages établissant un parcours forcé où à chaque tournant, vous attend le sourire d'une charmante vendeuse vantant la qualité de ses produits. Il suffisait de ne pas se faire prendre au jeu. Bùbù se lassait vite de ce chemin obligatoire, et malgré tout il suivait le train pour passer le temps, mais un peu désabusé par cette débauche de commerce. Ce système de vente semblait être bien rodé et les voyageurs chinois y trouvaient de l'intérêt, car ils posaient des questions de toutes les sortes et s'en accommodaient. Piétiner et se bousculer pour faire des achats, Bùbù n'avait jamais pu accepter. Un problème de masse qu'il n'avait jamais digéré.

Yuyu prenait part à son avis en choisissant avec minutie quelques produits pour leurs usages personnels. Cet homme du bout de l'autre monde portait en lui un idéal, un renouveau, elle avait accepté sans aucune concession sa vivacité d'esprit, cette intensité culturelle qui donnait des variances exceptionnelles dans son esprit, la sortait de son encadrement, de cette vie monastique, des grands ensembles urbains. Cette vie sans vue !
Pour Bùbù, parti vers une ballade touristique qui ne devait ressembler à aucune autre, mis à part les paysages, espérait voir autre chose que des étalages de magasins. Il était bien loin de la réalité de l'existentiel chinois.

Sûr d'être blasé par les femmes et par leur comportement, sûr de rien aussi, mais intuitif, il croyait survoler cette destination. Certes, il cherchait la nouveauté, et là, son cœur se remplissait de joie. Yuyu, lui apportait cet amour, cette complicité, plus forte encore, revalorisée par le lieu et les habitants. C'était un immense bonheur ! Elle réalisait chacun de ses gestes comme une sorte de danse. Elle le bouleversait, l'emportait dans l'ivresse des sens. Aucune femme de sa connaissance, même la plus charmante, n'avait réussi à développer autant de ravissement dans son esprit. Il en était conscient et cela le rendait perplexe.

L'amour serait-il un don de soi ? Dans ce pays décrié par les militants des Droits de l'Homme et de la censure, Bùbù restait sur la défensive, mais serein. Les valeurs de la démocratie, il s'en foutait. Elle cachait bien plus de malheurs qu'elle ne promettait de bonheurs. On change les noms et les étiquettes, disait-il, et rien ne change dans l'âme humaine ? Les pauvres, quel que soit le régime, ils le restent ou en meurent, mais les riches meurent aussi d'une autre manière. Il disait être déçu des politiques de tous les pays. Des naïfs ambitieux, des gens imbus de leur personne, mais comme il faut faire le travail sale... le pire pour lui serait d'adhérer à la dictature ou au royalisme. La presse people, c'est de la merde à grande étendue pour faire de l'argent, nous sommes dans un grand show-business mondial, où l'essentiel est oublié, la vie de l'homme sur cette planète. La chine détient une clé, mais laquelle ? Le nouvel Eldorado, il n'y croit pas ? On ne fait pas l'histoire ailleurs une deuxième fois. De parents pauvres, il avait essayé de faire avancer le bateau de sa vie. Des houles, des tempêtes, des tsunamis, il en a connu beaucoup. Quand même de son avis, pour lui, il est plus facile de guider un troupeau de soixante chèvres dans un petit champ que d'en conduire vingt fois plus même sur un terrain plus grand ! Faut-il tuer les plus galeuses ou les plus rebelles ? Ça, c'est une question planétaire, bien difficile à y répondre ? Les holocaustes sont-ils encore d'actualité ?

Pour beaucoup de religion, l'homme naît mauvais ; guerrier, ingrat, combattant, vil, paresseux, alors on a créé des dieux. L'inconnu fait peur. Il ne s'appelle pas par le même nom, mais ils ont la même idée d'un monde meilleur... Bùbù, quand il rentre le dernier jour dans un temple bouddhiste, il ne ressent vraiment rien au son de cette cloche gigantesque battue par un énorme bâton de bois. Aucun appel, aucune sensibilité même au discours du vieux moine venu les accueillir. Rien ne l'attirait du regard même des immenses statues couvertes de minces lamelles d'or, bien trop exubérantes à son goût. Ce monde de la méditation, du jeûne ne justifie pas tant de richesses à ses yeux ! Respectueux des lieux et de leurs habitants, il acceptera de ne prendre aucun cliché de l'endroit tout en se disant que cette ouverture sur le monde lui semblait bien mince. Cette odeur d'encens envoûtante avait fini par lui donner des vertiges légers et inoffensifs, mais il sortit sans regret de l'édifice lié au culte, pour respirer l'air frais et embaumé de cyprès sauvages. Tous les voyageurs avaient payé une somme assez lourde pour cette visite. Les mécontents le faisaient savoir au guide qui n'en menait pas large. C'était la fin de ce curieux périple au fond de cette île d'Hainan. Une boucle par Yazhou Bay, Sanya, Yalong Bay par des routes belles et droites, ensuite plus sinueuses et cahoteuses. On pouvait encore voir les pauvres extrêmes de cette Chine encore enfermée sur elle-même et le modernisme étalé des futurs hauts lieux de divertissements et de plaisir qu'offrent les bords de mer. Bùbù semblait regretter que ces rivages de mer de Chine soient la proie de promoteurs sans scrupule comme certains endroits en Europe.

Certains voyageurs dans le bus portaient un intérêt grandissant à cette nouveauté, une exploitation touristique des littoraux asiatiques. Ces gens n'avaient pas de recul sur le temps, le Français connaissait les énormes dégâts écologiques causés par ces constructions, ces structures en béton, simplement pour avoir, dit-on, *les pieds dans l'eau !*

Une vue sur Sanya, le décor est planté. Buildings, en veux-tu ? En voilà ! Le feng shui ne jouait pas son rôle dans ce grand espace. La vie du bout des yeux ou la vue du bout de la vie... tout cet art ancien remis au goût du jour par des passionnés d'architecture moderne ne ressemblait à rien. Ces immondes immeubles carrés et rectilignes donnaient un air de banlieue négative. Du déjà, revu dans les mégapoles de tous les grands pays. Rien de bien enrichissant. Le retour sur Haikou, Yuyu accusait une certaine fatigue, mais gardait un sourire indéniablement beau. Bùbù était content de revenir sur Guangzhou. Un dernier hôtel, ils reprendraient le vol de retour vers Guangzhou demain matin de bonne heure.

L'organisation et les horaires despotiques du voyage sur l'île d'Hainan, il en avait marre. Mais, il avait approché la population, partagé les repas, les bousculades et les rires de chacun. Il avait vu leur mouvement de colère et de gaieté. Humainement parlant, c'était une expérience valorisante, pourtant, un peu déconcertant par moment. La barrière de la langue et une idéologie différente peut créer des distensions, des malaises.

Les bagages étaient déjà dans le lobby de l'hôtel, les adieux sans grande mélancolie, mais, comme une explosion pétaradante inattendue, une dispute s'élevait. Yuyu hurlait contre le guide. Leurs cris résonnaient dans l'entrée de l'hôtel. Ils étaient face à face et s'injuriaient, une foule de curieux s'était amassée. Yuyu s'avançait sans peur, les jambes bien campées au sol elle s'élançait comme un coq de combat vers son adversaire. Ses yeux noirs crachaient des étincelles de fureur. Bùbu les regardait sans rien comprendre et Yuyu restait sourde, sans réponse, à ces questions en anglais. Elle gueulait, vociférait son indignation. Fâché, le guide s'approcha d'elle et leva la main pour frapper une première fois et hésita, il prit du recul et Yuyu cria plus fort. Le guide ajusta de sa main droite la tête de Yuyu. Bùbù dans un saut barra le coup de l'homme et frappa dans l'élan, un direct sur la mâchoire. Un bruit mat... touché, le guide répliqua d'un coup de pied magistral dans le ventre du français, mais déjà les gens les séparèrent et arrêtèrent les deux protagonistes. Les injures pleuvaient en Français et en Chinois, tous deux étaient ceinturés. L'œil noir légèrement atteint, le guide se débattait pour s'extirper de ses liens. Bùbù attendait la bourrade, bloqué par des bras inconnus. Yuyu restait plantée devant son amant, prête à faire barrage. Quelques minutes et les policiers posaient des questions au guide et au français. Sortis de leur cachette peut-être ? Des témoins, des palabres et des discussions. Bùbù commençait à regretter son geste, mais que fallait-il en penser ? Un moment, il crut que les policiers allaient l'embarquer. Mais là encore, Yuyu interviendra ainsi que des témoins, et l'affreux dragon fumant se retira en gesticulant. Une bien triste sortie.

Mais pourquoi cette querelle ?

Bùbù se demandait s'il avait bien fait d'intervenir. L'autre avait essayé tout simplement de bousculer ou d'impressionner sa collègue sans forcément lui donner une leçon. Mais, elle n'avait pas froid aux yeux. En voulant donner de la main, il pouvait parvenir à ses fins. Elle n'avait pas accepté que ce monsieur puisse augmenter le prix de la prestation. Elle avait jugé que « ce sale mec » n'avait pas, à se sucrer sur le dos des touristes étrangers même s'il avait de quoi payer. Alors, quand elle avait expliqué à son amant le sujet de la bagarre, elle s'énerva encore, rien qu'en y pensant. Elle n'avait pas envie d'extorquer de l'argent au Français. Les paroles du dragon étaient des insultes pour tous les deux. Elle riait du coup de poing et glissait sa main sur le ventre du français pour lui témoigner un peu de réconfort.

Enfin seuls, ils s'installèrent devant un repas en tête-à-tête, une grande plénitude amoureuse s'établissait de nouveau. Ouf ! Il fallait oublier le pugilat vite fait et faire le retour vers une libération saine de l'esprit. Yuyu était de ces personnages formée dans une éthique liée au régime, mais refusait de s'enfoncer dans les anciennes doctrines et mœurs de tous acabits. Quand on y vit, on cultive la différence avec plus de précision et d'ajustement que dans un autre pays. Engluée dans une masse collective, on sculpte sa personnalité dans du marbre en martelant chaque forme avec des coups repensés de burin et de gouge des choses de la vie.

Partager la vie d'un mari violent n'est pas toujours facile. Elles ne disent pas leurs malheurs, mais elles assument leurs choix et ripostent. Elles divorcent, se font une identité nouvelle et aspirent à un mode de vie plus généreux en amour. Yuyu parle de cette révolution sans armes, celles des femmes, une révolution sentimentale de l'intérieur. Elle aurait sans contexte pu se retrouver dans les pages du roman « Chinoises » de Xinran. Bùbu avait dévoré les pages de ce livre. Pour l'auteur, l'Impérialisme était mort en emportant des vieux secrets démoniaques inavouables, disait-elle. Elle citait Simone de Beauvoir. On devait ne rien craindre dans cette société nouvelle. Toute sa détermination de Yuyu se lisait dans son visage. La nuit était tombée sur Haikou, ils ont fait échange d'un plein de tendresses... On est à un jour de la chose impensable : le jour du départ, et le retour vers cette vieille Europe pour le Français. Yuyu changeait de visage chaque heure, et les fleurs de la ville perdaient de leur couleur. Les bâtiments grisaient comme dans un automne précoce. Le chagrin se posait dans les yeux de Bùbù, les gens devenaient de lents personnages sans signification. Les agitations au cœur des rues semblaient s'arrêter comme dans un film muet avec des sauts d'images d'espoir et de compassion : un attendrissement avec des promesses de la part de chacun. Elle riait, mais la tristesse se lisait dans ses yeux. Lui, il jouait le retardataire en prenant le temps de faire sa valise et comme pour se faire pardonner se préoccupait sans âme de ranger ses vêtements. Des cadeaux, il n'avait pas pris le temps de les acheter, il avait consacré tout le temps disponible pour lui prodiguer l'amour, comme il ne l'avait jamais donné à une femme. Ils se sont rencontrés sous un ciel rempli d'orage, mais aucun nuage, même ce foutu mec du Hainan n'avait pas réussi à disloquer leur amour. Cet amour, plus fort que le temps, que les gens du régime, plus fort que la bêtise humaine, que les xénophobes, les jaloux, plus fort encore en ce jour de fin de mois d'août où il fallait se séparer. Yuyu avait enfilé un jeans très seyant et de loin ressemblait plus à cette fille européenne qu'à cette fille chinoise dite « traditionnelle ». Mais en quoi cela tenait-il ? ? Le mouvement de libération était lancé et le chemin parcouru par ces millions de femmes pour une vie meilleure se traçait au milieu des interdits anciens. Les opinions, les arguments fielleux pour qu'une femme soit soumise tombaient à l'eau. « La polygamie est abolie », disait Yuyu :

– L'homme moderne chinois a perdu la facilité de mettre la main sur les fesses des femmes comme si c'étaient des chèvres, avait-elle dit en riant.

Mais derrière cela, le paradoxe était émouvant, car une partie de cette société féminine semblait souffrir encore de cette misère affective malgré l'ouverture au monde extérieur de Deng Xiaoping. La réforme profonde n'avait pas atteint certains milieux ruraux. Les charges familiales et le travail incombant les femmes restaient ancrées dans la culture. Des hommes fiers et arrogants ne voulaient pas s'y résoudre.

Souvent pendant le voyage, Bùbù avait observé les images de cet autre monde. Ces femmes harassées de travail, courageuses conduisant le bétail dans les champs, courbant l'échine dans les rizières.

Grâce à sa situation, Yuyu sortait de ce cadre peu réjouissant, elle s'était formé une carapace contre ce monde masculin chinois et avait décidé d'aller à la rencontre d'autres cultures en apprenant les langues et la comptabilité. Elle s'était fait une place dans l'école où elle éduquait les mathématiques. Elle avait accompli un parcours très honorable et les élèves l'aimaient. Elle défiait les anciens concepts matrimoniaux et elle aimerait faire un mariage basé sur l'harmonie. Quant au bonheur, elle le goûtait à chaque instant. Elle avait dit,
– Encore plus ce jour, car *demain ne dit pas ce qu'il sera ?* De sa petite voix légèrement enraillée par l'émotion qu'elle ne pouvait retenir.

Elle avait le teint blafard et des cernes sous les yeux, elle semblait inconfortable dans son attitude.

—I am my period! Avait-elle déclaré la vieille en soufflant, comme un grand souci du désordre hygiénique que cela comporte sachant les problèmes douloureux auxquels elle était exposée tous les mois ? Bùbù avait laissé la conversation là, mais elle savait que le mal la torturerait davantage dans ses organes, elle n'avait jamais eu d'enfant et l'utérus était encore très tendu comme une jeune fille. Seule, une grossesse pouvait changer cet inconfort. Mais, aussi dans sa tête psychologiquement, un mal plus grand la torturait : le manque de l'autre, une plaie plus saignante, à vif, une double blessure, celle de l'âme et celle des organes. Comme une sorte de fin, qu'ils allaient assumer sans discours, Bùbù restait la main sur ce ventre qu'il réchauffait pendant les dernières heures de son séjour. Elle accueillait cet ultime cadeau comme s'il traversait ses entrailles. Elle le garderait comme une fleur imprimée dans son corps.

Les tripes tordues par le vide qui se formait, ils ne pouvaient plus poursuivre leur grande escapade, alors ils ne cessèrent plus à ce moment-là de se tenir, comme depuis le début des vacances, la main dans la main presque soudés, comme chaque moment de ce périple. Et puis les choses se précipitèrent, le check-out à l'hôtel, le transfert, vers Baiyun, l'aéroport, la queue pour l'enregistrement...

Yuyu prenait soin de lui, jetait un œil sur le passeport, faisait attention aux bagages, elle gardait ce regard triste, mais encore plein d'espoir. Cet espoir considérable de le revoir un jour. Les adieux furent pathétiques, elle l'embrassa en pleine bouche pour signer devant tout son peuple, la police, les douaniers, les gens du parti, de la grande assurance de son amour pour cet homme. Acte impensable il y a quelques années, réprimandé même par de simples citoyens. Bùbù resta ému, fier d'elle, d'avoir osé symboliser d'un baiser, son départ et leur séparation. Il s'immobilisa en la regardant pendant un moment avant de pénétrer dans les couloirs de contrôle, les bras signant un au revoir et un lendemain...

L'hiver

André, préoccupé par le voyage qui le menait encore vers les Philippines, ses pensées étaient pour cette femme qui avait bouleversé toute sa théorie intime sur les choses de l'amour et terrassé ses convictions sur les lois naturelles qui lui semblaient pourtant honorables. « Habité par le démon de minuit » lui aurait peut-être mieux convenu, compte tenu de la différence d'âge, mais il enleva cette hypothèse de suite. La perspective d'un avenir de couple heureux avec elle ne le terrorisait pas non plus, mais la difficulté était grande. Dans l'avion qui le survolait une nouvelle fois, le territoire de « l'Empire du Milieu », il ressentait une grande détresse. Il se trouvait très démuni, une déchirure qui s'ouvre et qui fait beaucoup de mal à mesure qu'il s'éloigne de cette terre de sentiments. Il aime ce peuple. Un fourmilier de gens aux multiples caractères, identitaires, inépuisables avec la volonté de sortir de cette médiocrité qui ne tient qu'à une seule chose : changer le regard que portent les autres sur cette nouvelle génération et le futur ; Bùbù, il croit en ces hommes et ces femmes. C'est plus un combat de mutation que de mentalités. Les Français étaient-ils toujours les dieux de la paix, c'est encore à vérifier. Les Droits de l'homme ne sont pas bafoués, mais ne sont-ils pas détournés par des moyens illégaux ? Personne n'en parle vraiment. « Les langues de bois » gouvernementales, elles sont internationales. Cela fait longtemps que les employés, les ouvriers et même les bureaucrates stressaient dans le monde du travail et que le harcèlement professionnel et sexuel commençait seulement à être reconnu comme délit, mais à la sauce de la justice française. Il en était convaincu : sournoise et infecte, la nature humaine reflétait-elle la même intensité, dans ce monde asiatique, la même envie de pouvoir et d'argent ? Y avait-il une place pour l'amour ? Il allait écrire ce roman. Il le pressentait, il voulait qu'il soit lu par des milliers de gens, en Chine, en Europe, peut-être en Amérique. Ce serait le roman de sa vie.

Bùbù : *Pour celui qui y croit et pour celui qui se contente d'en subir les effets épanouissants avec ravissement, ce sentiment savoureux qu'est l'amour, c'est l'extrême satisfaction dans la vie. J'ai connu des amours d'adolescent et Andrée, une fille des Ardennes fut mon premier émoi. Je me rappelle que nous avions passé toute la séance du film « le jour le plus long » à nous embrasser. À la fin, nous avions les lèvres presque sèches et nous avions à peine effleuré ou tâtonné nos corps dans la salle obscure. Une sorte de respect mutuel. Les mœurs ont bien changé pour les jeunes... le mariage et la pilule, un confort sexuel, une libération, diront certains ou certaines. La fin d'une époque et d'une part de romantisme, les alliances presque arrangées, un nouveau souffle pour les rencontres extra conjugales où les soixante-huitards s'en donnent à cœur joie. Encore une fois, y avait-il une place dans l'amour ? C'est à en douter, car relié dans sa grande partie au sexe, les divorces commencent à exploser, j'ai donc divorcé. J'ai refait ma vie et des enfants. Maintenant qu'ils sont grands, la routine et les sentiments se sont estompés rapidement, voilà ma route droite sans ornières. Après, cela l'amour serait-ce qu'un mot inventé pour exprimer le plaisir, le bonheur ? Mais alors quand je dis que j'aime Yuyu, c'est aussi simple ? J'ai un mal de chien à la quitter, j'ai les tripes renversées, le gros point nerveux dans la poitrine et les yeux noyés d'eau de tristesse ; j'ai presque envie de faire marche arrière, courir entre les postes de contrôle et une nouvelle fois la serrer dans mes bras à l'étouffer, l'embrasser jusqu'au fond de la gorge.*

Yuyu, je t'aime ma petite Chinoise ! Tu es ma plus belle histoire d'amour, la mienne et peut-être la tienne, alors attends-moi et je reviendrais avec cette même envie de t'aimer ; assis dans cet avion, j'ai l'impression d'être arraché à toi sous les ordres du commandant de bord !

Yuyu :

« Mon amour, tu pars, tu as été si bon, si amoureux que personne ne m'a donné tant de joie, je n'ai jamais connu çà, même avec l'amour de mes parents et le peu d'autres hommes rien n'est comparable. Je n'aime pas cela, car je ne sais pas si tu reviendras un jour. Je suis malade de toi maintenant, il n'est pas interdit d'être heureuse en Chine. Tu repars à Paris là, les filles sont jolies et grandes. J'ai peu de chance pour que tu retournes vers moi ; j'ai passé deux semaines merveilleuses, j'ai voulu que tu sois bien avec moi, tu as dit en souriant que tu seras là aux prochaines vacances et j'espère cela. Je vis seule et la vie ne m'a pas donné d'enfant ni le pouvoir d'en avoir, le travail, le temps qui passe, les amours sans amour. Je ne pensais pas que cela puisse exister et notre culture n'empêche pas d'aimer. Mais tout rendu difficile par des tracas inconnus de toi. Aujourd'hui, je me sens heureuse, je sais que je ne vais pas dormir de la nuit. Mon cœur sera lourd de ma peine, lourd encore, et mon corps est imprégné de toi, mon Bùbù. Je ne pleure pas, il faut que je sois forte pour que tu puisses me retrouver encore aussi charmante et belle. La distance ne sera pas un problème pour toi, tu me la dis.

« *Wo ai ni !* » *mon Bùbù le chant de l'oiseau femelle au printemps m'accompagne. Est-ce que tu aimes ta petite Yuyu ?*

****

L'avion de la Compagnie de China Southern arrêta ses moteurs sur le tarmac de l'aéroport de Guangzhou et Bùbu malgré la fatigue sentait une grande excitation intérieure. Elle enflait, lui pompant le sang vers les tempes oubliant pour un moment, les affres et les lourdeurs du voyage. Trois mois à attendre ce nouveau jour. Dans la grisaille de l'hiver asiatique, ils étaient seuls au monde, elle naviguait dans un élément qu'elle connaissait, elle avait retenu une chambre dans un hôtel en face de Liuhua Park en comptant les jours qu'ils y passeraient. Elle avait marchandé le prix avec les hôteliers toujours avec la même ténacité, les mots qui font la justesse du langage. Et comme à l'habitude Bùbù, comme médusé, la regardait faire son marché. Cette barrière de la langue le handicapait fortement. Les arguments de Yuyu résonnaient dans son oreille comme une étrange musique d'outre-tombe. Il tentait vainement de distinguer quelques sons. Il ressentait cette douloureuse impuissance à comprendre cette langue. Elle le pénétrait comme une piqûre dans les tympans. Puis oubliant cette inconfortable communication, il riait de bon cœur, quand elle l'avait pris par le bras en le poussant vers l'ascenseur. Elle avait collé ses lèvres contre les siennes pendant le court moment qui les menait vers le haut, il avait répondu avec tendresse, les yeux larmoyants joyeux avec un mélange excitant de plein de fatigue et de promesses.

Elle l'avait attendu comme la première fois, les mains sur la rampe qui séparait la porte des *arrivages*, mais avec plus d'anxiété, plus d'émotion, plus d'amour. Elle avait tellement attendu ce moment ! Elle avait redonné de l'ampleur et teinté de couleur sombre sa coiffure. Comme dans toutes les rencontres interrompues, elle espérait qu'il n'avait pas changé d'opinion sur elle, qu'il la trouverait toujours aussi jolie. Peut-être plus blanche de peau pendant cet hiver ? L'air plus morose ? Moins sexy, avec ce manteau trois-quarts violine clair ?

Une éternité à attendre Bùbù, cet homme d'un autre monde. S'agissait-il d'une expérience commune, une expérience réciproque ou le vrai, le grand amour ? Chacun de son côté subissait cette question. Chacun suppliait au fond de lui-même que ce fût de l'amour, mais les cultures de ce monde se croisent souvent, s'entrechoquent, peuvent s'apparenter, sans jamais se ressembler point par point. Bùbù le savait. Il fermait les yeux sur cette évidence en espérant aboutir à l'exclusif dans cette avancée trépidante de l'amour...

Justement, elle aussi pensait pouvoir accéder à ce côté particulier qui les liait et espérait donc un avenir serein et épanouissant. Une passion sourde, faute de langage bien tourné, se formait dans leur relation. Les mots les plus simples étaient des attaches et ils déterminaient leurs humeurs, leurs enthousiasmes, leurs craintes et leurs envies. Ils déclenchaient leurs rires, mais très rarement leurs colères.

—Bùbù are you tired?

—No My Yuyu, you are there now...

—OK. No sleepy?

—No problem with you... Ha ! Ha !

Elle avait compris combien il avait ce besoin de se retrouver dans les draps avec elle. Alors, rien ne pouvait les empêcher de se coucher. Ils avaient mangé dans le premier restaurant qu'ils avaient trouvé, elle avait choisi cette cuisine qu'elle aimait : La Sichuanaise un peu plus piquante et plus épicée. Elle riait quand la manipulation des baguettes faisait défaut dans les doigts de son amant. En même temps, elle trouvait cette gaucherie sublimement pathétique. Une complaisance manifeste reflétait dans ses yeux noirs pétillants d'amour.

Bùbù pouvait rester une vingtaine de jours dans cet hôtel, mais Yuyu aurait bien souhaité bien plus que cela. Le Nouvel An chinois approchait et elle avait invité Bùbù avec ses amis et ses parents. Silencieusement, elle espérait qu'il pourrait encore rester à ses côtés... cette nouvelle année serait sous le signe du Rat, balayant celle du cochon. Elle attendait cette occasion pour faire avancer les choses. Dans les rues noires de monde, les lampions et les lanternes décorées à l'effigie de l'animal se balançaient au vent froid de cet hiver plus coriace et plus vif qu'à l'habitude. Yuyu semblait regretter qu'il ne fasse pas meilleur temps. Un vent frais soufflait. Son visage s'empourprait et ses joues rougissaient sous l'effet. Rarement, la température descendait aussi basse pendant la période de Nouvel An, dans cette région du sud de la Chine.

Yuyu avait apporté quelques tailleurs confortables, mais elle gardait le manteau pour se promener avec Bùbù. Depuis plusieurs jours, la pluie tombait et les balades étaient vite arrêtées pour un retour précipité vers l'hôtel. Ils s'aimaient, leurs corps ne faisaient qu'un et les jours passaient trop vite. Dans le grand lit, le duvet en pelote de soie couvrait leur amour. Les soins de peau qu'elle apportait à son visage le faisaient rire tous les soirs. Cela consistait à frapper ses joues avec le revers incliné de ses mains avec des petits claquements et des petits tapotages. Elle se soumettait à ce rituel tous les soirs et tous les matins. Alors, Bùbù s'en amusait en se giflant les fesses avec le même rythme qu'elle. Elle lui sautait dessus joyeusement et cela se terminait dans une folle cabriole.

Pour elle, il choisissait les meilleurs restaurants. Quelques-uns étaient plus économiques, d'autres, plus cossus ou plus gastronomiques, avec des cartes plus exquises et des serveurs plus aimables. Il passait d'un établissement à un autre, d'une cuisine à une autre ; de la Pékinoise, à la Shanghaienne, à la Cantonaise ; le poulet cuisiné à toutes les sauces telles que celles de soja, de miel, de gingembre et le bœuf aux quatre parfums. Bùbù adorait manger ces plats, mais aussi le mouton aux herbes et les raviolis de porc. Ils partageaient chaque fois leurs envies. Elle aimait la cuisine sichuanaise, alors ils fréquentaient un restaurant non loin de la station de bus, là, les menus étaient plus pimentés et le tofu y était bien présent. Au bout de quelques jours, le choix devenait plus difficile, mais comme l'envie de manger resté intact, ils dégustaient avec gourmandise tous les plats présentés. Ils reprenaient le chemin de l'hôtel souvent repu. Ils évitaient tous les vendeurs de fruits, de marrons chauds installés sur les trottoirs sachant que leurs ventres étaient bien pleins. Ils se tenaient par la main et Bùbù lui réchauffait les doigts en les glissant dans la poche de son manteau. Il avait bien fait de prendre un habit d'hiver avec lui. Il avait emprunté un cache-col à Yuyu. Victime de quelques quintes de toux, elle avait tout de suite, essayé d'enrayer la maladie, elle prenait soin de lui avec une piété peu ordinaire. Quand il toussait un peu, elle le couvrait de tendresse avec la couverture, surveillait le moindre écart d'inconscience. L'humidité, la proximité du lac Du Liuhua Park et cette pluie, intermittence peu agréable, Bùbù donnait quelques signes avant-coureurs de bronchite. Instinctivement, il essayait de cacher son désarroi, sachant que cette maladie pouvait pourrir son séjour. Même la présence d'un hôpital à quelques pas de là, dans la rue voisine pouvait le rassurer en cas de gravité. Alors il faisait des efforts pour ne pas réveiller le mal. Yuyu lui prodiguait quelques massages du dos bien peu efficaces, mais qui avait le don de le remettre dans une humeur optimiste ? Patiente, elle regardait des sitcoms à la télévision les jambes pliées en lotus sur le lit. Le ciel était souvent obscurci par une épaisse couche de nuage et par les vitres teintées, sombres de la chambre, le lac ressemblait à une image ternie, les petits pédalos muets avec la carrosserie et leur tête de personnage de Walt Disney faisaient du surplace sur cette eau verte, fongueuse et opaque. Un espace de tranquillité dans cette grande cité où les gens venaient marcher et se relaxer malgré les intempéries. Bùbù s'étonnait de voir autant de foules parcourir les allées. Il avait oublié, pendant un temps, qu'il était en terre de Chine et que le mouvement des masses était quasi permanent. Il pensait qu'il ne devait pas se poser de question à ce sujet. Le vent et la pluie n'empêchaient pas les promeneurs les plus hardis. Ils allaient quelques fois bon train en famille en se croisant sur les allées bétonnées. Les deux amoureux empruntaient les mêmes chemins, la main dans la main. Les regards des promeneurs se posaient toujours sur eux, interrogatifs. Que pensaient-ils ? Parfois discrets ou désobligeants, sans gêne ou au contraire fugitivement, leurs têtes se retournaient. Quelques jeunes complaisants lançaient des *hello,* très sympathiques. Cela rassurait Bùbù qui malgré cette réelle sensation de tranquille acceptation et de gentillesse à son égard, avait l'impression de vivre en paria à certains moments de la journée.

L'ombre du racisme engendré par l'histoire de la Chine, mais aussi par toutes les guerres que se font les hommes, les idées reçues, les mœurs et les traditions, Bùbù ne les ignorait pas. Cela aurait été plus facile de feindre, mais il ne le pouvait pas. Son séjour ne ressemblait pas à des vacances. L'hiver était bien là !

Il s'était passé trois mois depuis leur dernier au revoir et ils n'avaient rien oublié de leur sentiment pendant cette absence. L'amour avait fait son chemin dans le temps forgé par l'espoir qu'ils se retrouvent enfin pour cette nouvelle année. Ils jouaient comme des enfants et jouissaient de l'agréable moment que leur offrait la vie. Quelque chose avait changé pour Yuyu, maintenant sa maman vivait avec elle dans son petit appartement. Elle avait quitté la froidure de Chongqing pour vivre avec sa fille. Depuis la mort du père, les difficultés pour vivre seules se sont accumulées. Ces déplacements à l'intérieur de la maison devenaient pénibles. Alors, elle vivait avec sa fille dans la banlieue de Guangzhou. Les pieds meurtris par des années de travail et de servitudes. Elle avait commencé dès le plus jeune par le dur apprentissage des *pieds bandés*, mais la chance lui avait souri devenue adolescente. On la débarrassa de cette atrophie forcée. On lui retira les chaussures alors que les pieds n'étaient pas encore formés, mais les séquelles restaient gravées dans le coup de pied. La marche fut difficile toute sa vie. Elle n'avait jamais rechigné à la tâche et mit au monde trois filles. Celles-ci échappèrent de justesse à l'exclusion proclamée par le gouvernement, instaurée et qui voulait diminuer le nombre des naissances pour les filles par des moyens les plus sordides et plus inhumains qui soient. La maman avait contourné de nombreux obstacles de la vie, les guerres civiles et l'exode de l'est de la Chine vers Chongqing pendant l'invasion japonaise en 1937. Les gardes rouges, les exactions commises à cette époque douloureuse. Elle avait connu les dirigeants et Mao Zedong, Zhou Enlai, Deng Xiaoping. La déclaration de la première République populaire de Chine, elle parlait de la longue marche, l'année où elle avait vu le jour. Elle avait travaillé dans les unités de travail sous contrôle du parti. Elle vivait aujourd'hui avec ce handicap, mais toujours souriante, elle acceptait le destin tel quel. Yuyu était la seule fille pouvant encore lui apporter le réconfort que peut demander une vieille femme. Dans la société chinoise, les parents forment le sommet de la pyramide familiale et rarement tronquée par la descendance. Yuyu de son vrai nom Yuan pourrait descendre de la dynastie des *Yuans* fondée après l'invasion mongole en 1279 par le petit-fils de Gengis Khan. Mais rien, paraît-il, dans les écrits innombrables ne pouvait prouver cette affiliation, mis à part le nom. Elle riait de ce fait. Elle avait lu dans les livres d'histoire sans prouver le lien direct. Pendant cette époque, les visiteurs, les marchands vénitiens comme les « Polo » : Matteo, Niccole et enfin Marco ont vécu en Chine pendant près de vingt ans pour ce dernier et sûrement l'un des plus connus des voyageurs. Cette dynastie régna près de cent ans jusqu'en 1368, remplacée par les Ming. Une autre dynastie plus puissante, avec le commerce et les découvertes de l'art, les richesses chinoises ouvertes sur le monde occidental.

Mais, le monde moderne, la croissance galopante, ne laissait guère de place à la généalogie. Peut-être que des historiens et de nombreux universitaires replongent dans le séculaire, mais tout semble s'effriter dans la mémoire populaire.

Yuyu prenait le temps tous les soirs de téléphoner à sa mère. Elle prenait soin de savoir ce qui se passait dans la journée. Une fille en avait la garde et subvenait aux charges ménagères ainsi qu'à la cuisine. Elle s'appelait Xiao. Elle parlait un peu l'anglais. Tout semblait être parfait. Pour ces raisons, Yuyu avait décidé d'un commun accord avec Bùbù que la promiscuité dans son petit appartement avec sa mère était impossible. C'est pour cela aussi qu'elle avait cherché un hôtel pas trop onéreux, pour passer du bon temps dans cette période de Nouvel An. L'affaire tournait bien rond et aucune difficulté ne semblait se présenter à l'horizon. Le froid se renforçait de jour en jour, mais cela ne devait être que de courte durée comme l'affirmait Yuyu.

—No cold at Guangzhou my Bùbù

-You are very sure?

—Yes only few days, after is good

On était loin des températures estimées annuellement et Bùbù le constatait chaque jour. Lui était un homme des zones tropicales et le froid il en avait trop souffert pendant sa jeunesse pour l'apprécier vraiment. Mais la présence de cette femme lui réchauffait le corps, le dynamitait, il entrait dans l'univers des hivers cantonais. Il se rappelait la rigueur du vent et la pluie qui claque sur le sol, pendant son enfance. Ils passaient rapidement devant les étals de fruits ouverts sur la rue, oranges, pommes, citrons, mangues... Il revoyait un peu sa jeunesse dans le nord de la France où le printemps était attendu comme une délivrance. Tous les dictons qu'il avait entendus sur les saisons n'étaient vraiment plus crédibles. Il lui suffisait de voyager pour corriger la nature de certains d'entre eux.

Les astres n'avaient pas la même signification pour un chinois et un Européen, et pourtant...

Yuè veut dire la lune.

En chinois, c'était le prénom de Yuyu. Le mois de la lune se situe dans le calendrier chinois et Bùbù cherchait les différences et les oppositions, dans l'astrologie chinoise et occidentale. Mais une chose est certaine, il ne verrait plus la lune de la même façon. Sa mère lui avait dit que les jours de pleine lune on voyait un bûcheron qui portait un fagot. Aujourd'hui, il ne voyait rien d'autre que celle qu'il aimait en regardant cet astre. Une adoration, comme s'il ne voulait pas la perdre de vue chacune nuit. Une photo universelle. L'exotisme ne suffisait pas pour que Bùbù soit amoureux de cette femme, quelque chose de plus fort les liait : l'amour au-delà des frontières. Les situations les plus cocasses les amusaient et leurs corps vibraient dans cette alchimie. Non, se dit en chinois « bu », en pinyin le mélange des langues se confondait dans un charabia involontaire, et leurs explications devenaient risibles et incompréhensibles. Yuyu se confondait avec you ! En anglais et Bu ! Bu ! Avec Non ! Non en chinois si bien que tous les deux avaient du mal à se faire entendre, mais rien ne gâchait leur bonne humeur. Aussi, ils avaient décidé de ne rien changer. Bùbù, s'initier à la langue chinoise, mais avec beaucoup de difficultés. Le pinyin restait la seule façon de se faire comprendre et les caractères suivraient ensuite si le besoin devait se faire sentir. Yuyu était l'interprète le plus satisfaisante pour ce séjour.

Ils prenaient des photos un peu partout. L'attrait Du Liuhua Park et du Xuhua Park avec leurs décorations gigantesques et colorées avait émerveillé Bùbù. Les automates en papier, les centaines de parterres de fleurs parfumant l'atmosphère d'une limpide sérénité visitée par toute cette population autochtone qui s'étalait dans un grouillement hétéroclite et criard. Yuyu regardait avec mélancolie les poissons jaunes et rouges qui se régalaient de graines jetées par les enfants. Les lueurs ténues du soleil du mois de janvier éclairaient toutes les constructions éphémères massives en cartons et en papier mâché, un immense dragon, emblème du pays, crachait des oriflammes et des serpentins et les gens s'en amusaient. Ils applaudissaient avec ferveur ce spectacle enfantin. Alors les photos étaient embellies par tout ce décor unique « Comme nulle part ailleurs », pensait Bùbù. Guangzhou: La ville des fleurs. Bùbù restait un prospecteur inconditionnel de cette Chine moderne tourné vers l'avenir certes, mais elle était si étonnante et conservatrice. C'était une belle journée, Yuyu donnait des signes de fatigue et Bùbù clignait des yeux dans cette fin d'après-midi cantonais. D'un commun accord, ils décidèrent de rentrer à l'hôtel. Le lendemain, elle conviait des amis et sa mère au repas de la nouvelle année. Une journée annuellement très importante dans la vie des Chinois. Bùbù constata un moment le grand écart existant entre les deux cultures, européenne et chinoise. Il était conscient de n'en voir jamais le bout. Que sans nul doute, dans ce pays, il pourrait satisfaire cette boulimie du savoir sur le continent asiatique et cela depuis qu'il y avait fait ses premiers pas sur la Grande Muraille ?

À travers cet amour de Yuyu, il pouvait espérer toucher le plus profond de cette civilisation. La femme chinoise a été longtemps asservie. Une femme, astreinte et concubine, par l'homme jouissant de ses principes féodaux. L'occident semble un peu en avance, mais pas de quoi en jouer les fanfarons ou les grands cœurs repentis, les femmes n'y sont libres que depuis peu et Bùbù restait frileux sur ce sujet. Ces femmes chinoises ne seraient-elles pas victimes, un jour de cette croissante liberté comme dans les pays dits développés comme l'Europe ? Que voulaient-elles ? S'égarer, subir autre chose ? Cette croissance n'est-elle que monétaire ? Peut-on créer une croissance des sentiments d'amour et de partage ? Pour Bùbù, c'était non ! Il en riait. On ne peut pas spéculer sur les sentiments. Une chose inimaginable.

Des questions, que Bùbù ne cessait de se poser. Il ne passait pas un moment sans qu'il suive les gestes et les mimiques de Yuyu, peut-être pour y trouver de la joie ou de la tristesse ou tout simplement des réponses. Les expressions, les regards, les tensions ; difficile de faire des recherches de vérité sur le visage de la belle, plutôt souriante, parfois agacée. L'apparence est le filtre de la pensée de chacun.

La langue chinoise aux tons si différents, les idéogrammes, la calligraphie, il voulait tout en apprendre et ce n'était pas la chose la plus facile. L'approche plus dure que toutes les langues ; les propos les plus simples demandent un exercice de diction et il se reprochait de ne pas avoir suffisamment bien assimilé quelques rudiments pour faire plaisir à Yuyu. Il aurait bien voulu maîtriser le dialogue, mais le son restait sans résonance pour les gens qui l'écoutaient et qu'il croisait avec elle. Elle le protégeait ; mais son discours était peu remarquable là où le Chinois était parlé couramment. L'Anglais remplaçait, mais ne comblait pas la lacune.

Pour le repas de cette nouvelle année, Yuyu avait convié des amis et sa maman. Elle avait choisi un restaurant situé près de la maison familiale sous un building à l'ouest de Guangzhou. Elle était partie un moment chercher sa maman qui ne se déplaçait qu'à l'aide du fauteuil roulant.

À droite de l'ensemble immobilier où elle habitait, une pépinière de buildings multicolores tout récents était sortie de terre. Difficile de dire si l'art du Fengshui avait autorité avec ce mélange de tours multicolores bâties et alignées comme des rangs d'oignons. Du restaurant, on pouvait admirer le contraste entre l'ancien et le moderne. Le ciel blafard ce jour-là, rendait plus vrai le changement lunaire.

Le festin royal et la provision de bière, rien ne manquait et Yuyu faisait de son mieux pour satisfaire ses invités. Des cadeaux pour eux deux, une décoration énorme entrelacée de cordons de fil de soie rouge et or à accrocher sur le dos d'une porte en signe de bienvenue. Bùbù ressentait une grande admiration pour ces gens au sourire engageant et vrai. De la joie sortait de leur bouche qui hachait l'air de l'accent cantonais et gazouillant, ce qui le différenciait du mandarin plus académique. Yuyu connaissait les deux idiomes et passait facilement de l'un à l'autre. Ces amis essayaient de faire de leur mieux pour rendre le repas très attractif. Bùbù ressentait de l'orgueil, il avait voulu rencontrer les gens dans leur environnement. Il touchait d'un peu plus près de cette matière invisible, le contact restait très soigneux et circonstanciel. Le jeune étudiant assis à ses côtés parlait un peu l'anglais. Il servait d'interprète et il riait de tout, un peu boutonneux portant de lunettes d'écolier, il était très cordial. Il s'appelait Shan Xiao.

Cette soirée au restaurant marquait cette nouvelle année du Rat qui succédait à l'année du Cochon. Les lanternes rouges donnaient des couleurs à la ville et quelques pétards éclataient. Deux hommes passablement ivres, une bouteille d'alcool à la main, discutaient au milieu de la rue. Insensibles aux passages des voitures, ils faisaient des grands gestes de détachement aux conducteurs des automobiles. C'était leur façon de fêter l'évènement. À part Bùbù, personne ne s'étonnait de ce défi suicidaire. Devant chaque établissement des arbres fruitiers avec des petites mandarines, jaunes ou orange décoraient les entrées et laissaient voler au vent leurs enveloppes rouges et or avec leurs récompenses tourbillonnantes. Ces enveloppes ? Bùbù en avait reçu plusieurs et la plus jolie était celle où il avait trouvé un yuan en chocolat. Un vent plus vif et plus perçant depuis quelques jours. Les promenades au bord du parc étaient moins agréables et Yuyu renâclait à prendre l'air. Elle préférait rentrait pour regarder un feuilleton qu'elle affectait. La brume recouvrait le lac le matin et le ciel s'obscurcissait très souvent, rappelant le mois de février, l'un des moins chauds du sud de la Chine. C'était le moment le plus passionnel, le plus câlin, où les deux amoureux restaient blottis dans cette chaleur douce et intime du duvet. Yuyu bloquait souvent ses jambes sur le ventre de Bùbù et torsadait son corps autour de lui en sommeillant, c'était sa position favorite. Une relâche des muscles et un soupir exaltant qui anesthésiait l'homme qui en soupirait davantage. Ce côté soyeux et doux, cette tendresse, il cherchait, lui, à se souvenir s'il avait connu cela une fois dans sa vie. La femme chinoise serait-elle plus érotique et plus désirable que les autres ? Le lieu et l'exotisme qui en découle seraient la seule origine de cet émoi ? Ou tout simplement de l'amour à l'état pur sans autre composant ? Une sensibilité naturelle ? Le yin et le yang pensaient en cœur par les deux amants ?

Deux opposés culturels qui se rejoignent. L'Asie ou plutôt la Chine, terre d'accueil de l'occident ? Une nouvelle ère s'ouvrait-elle peut-être ? Le défi paraissait immense. Une chose semblait certaine : toutes les générations antérieures n'avaient pas le même avis. Bùbù même aveuglé par cet amour providentiel le constatait tous les jours. Du regard un peu désabusé des vieux incrédules et des gens de la quarantaine un peu plus avenants, il en tirait très peu de sagesse. Cela dérangeait, c'était évident dans cet hiver presque sans touriste. Quelques femmes aux sourires engageants l'interpellaient et des séances rapides de poses pour photos étaient organisées spontanément pour avoir sa place à côté du Français. Yuyu s'en amusait. Aucune jalousie ne venait ternir le blanc de son visage, aucune ride de méchanceté à l'égard de ces femmes. Elle avait du caractère et pouvait changer d'humeur d'une minute à l'autre si l'on voulait lui faire perdre la face, comme tout chinois d'ailleurs. Mais, il faut bien un perdant dans chaque querelle, pensait Bùbù... même psychologiquement.

Chaque génération déplorait ou acceptait sans ambages du regard leur relation. Les plus jeunes avaient d'autres préoccupations plus ludiques, et espéraient par ce même biais s'ouvrir à d'autres horizons. Leurs tenues en jeans serrés et leurs cheveux en broussailles, leurs allures de rockers déglingués dénotaient en couleur avec les porteurs de cols Mao.

Le vestimentaire était souvent criard et hétéroclite. Une partie de la population supposait être une génération nouvelle dans cette année olympique. Des milliers d'affichages de toutes les sortes s'étalaient sur les murs et les buildings, les magasins, les restaurants et les lieux publics rappelant l'évènement. Les mascottes alliées au logo de Beijing 2008 à toutes les sauces, l'image était reproduite des millions de fois. Une démonstration de la grande force nationale, les préparatifs allaient bon train, malgré une certaine rumeur grondante au-delà des frontières, le patriotisme l'emportait au-dessus de tout. Les critiques des partisans néfastes à ce projet d'envergure aux retombées interplanétaires reculaient devant l'enthousiasme collectif de toute une population. « Reconnaître la Chine comme puissance mondiale... », disait Yuyu. Un certain orgueil se lisait dans ses yeux noirs et maquillés encore plus sombres. Elle se plongeait dans toute l'actualité régionale et mondiale, scrutant la bourse et les valeurs de marchés. Sans commentaires bien souvent, elle se régalait des chiffres sans d'autres explications. Elle aimait lire les flashs et les grandes interviews populaires.

Mais quelque part, elle bravait les interdits, cela la rendait vulnérable. Elle savait qu'elle jouait une partie difficile et elle essayait du mieux qu'elle pouvait de se rendre gentille et serviable surtout avec Bùbù et parfois avec les autres...

Les lendemains de cette entrée dans l'année du rat furent marqués par un froid intense qui sévissait dans le pays depuis quelques jours. Ce froid hivernal était persistant et sans précèdent, car beaucoup de vieux disaient n'avoir jamais vu cela de leur vie. Il paraît que l'on n'avait pas vu autant de froid et de neige depuis un siècle. Le cataclysme hivernal immobilisait une grande partie de la Chine. Les transports devenaient impossibles sur les routes glacées et enneigées. Le trafic sur voies ferroviaires était bloqué par des montagnes de neige. Une cellule de crise était instaurée et les jours de froid polaire qui suivirent achevèrent le désastre : ce fut le chaos. Rien ne pouvait fonctionner. La Chine devait faire face à un K.-O. d'une ampleur jamais enregistrée en cette période. Les intempéries touchaient des millions de personnes. L'armée à la rescousse des sinistrés faisait de son mieux pour aider la population, mais les cinq mille hommes se servaient de leurs bras, de pelles, de pioches pour rétablir la situation. On déplorait une cinquantaine de morts, peut-être plus. La Chine était l'un des pays le plus exposés aux changements climatiques, selon l'avis de certains experts internationaux.

Il fallait réagir et devant la télévision, les deux amants regardaient, impuissants, les problèmes qui en découlaient pour la population civile. En effet, la plupart des hommes qui travaillaient à Pékin et qui voulaient rentrer dans la famille ne le pouvaient plus. Aucun train ne circulait et les gens qui avaient pris leur billet pour les fêtes se retrouvèrent plantés sur le bord des quais de départ avec leurs bagages. Les aéroports et les routes étaient bloqués. La province du Guangdong en particulier. Les autorités avaient conseillé aux travailleurs migrants de ne pas rentrer chez eux pour les fêtes.

C'était le moment que Bùbù avait choisi pour voyager avec Yuyu et ce n'était pas l'idéal. Dans les gares, sous de grandes tentes, des enfants et des femmes dormaient ou mangeaient à même le sol la nourriture que les militaires leur apportaient : des soupes et des bols de riz préparés et des biscuits. Certains, hébétés, hagards et emmitouflés dans leurs vêtements, restaient assis, recroquevillés sur leurs bagages. La gare de Guangzhou était noire de monde, impossible d'aborder de nulle part. Elle comprit de suite que la meilleure chose était de repartir à l'hôtel. Impatients et agressifs, certains Chinois avaient déjà entouré le Français pour l'empêcher d'aller plus loin dans la gare. La police paraissait très indifférente à ce qui se passé, le pugilat semblait incontournable, alors Yuyu le prit par le bras :

– Bùbu, come! Come!
– Yes, why?
– Come! Lets go, criait-elle.

Derrière eux, la foule grondait de sa voix caverneuse, sauvage, meurtrière. Alors, ils se sont rendus rapidement à l'évidence. Le seul moyen pour que le séjour de Bùbù reste sympathique était de rester sagement à Guangzhou dans cet hôtel et de visiter la ville.

Un deuxième incident regrettable assombrit encore le couple quand ils furent contraints de rester à attendre devant les portes du Subway, coincés tous deux, dans une foule impatiente. Là, Bùbù se sentit franchement bousculé, chahuté. Les autorités voulaient régler le flux des passagers, mais une agressivité sourde s'installait et la présence d'étrangers n'était pas forcément souhaitée. Bùbu se sentait très mal à l'aise dans ce souterrain appuyé aux grilles métalliques. Certains le pressaient un peu fort avec leurs bagages comme si la seule raison de ce retard venait d'ailleurs. Il contractait ces muscles de l'abdomen pour respirer. Yuyu le regardait d'un œil oblique pour l'encourager à résister aux assauts insidieux des autres passagers. Il put respirer à fond quand le rideau se leva et libéra cette foule compressée proche de la bousculade. L'espace de vie dans une grande foule est très restreint, mais en Chine, il faut naviguer avec plus d'adresse encore qu'ailleurs. Il s'y était habitué à ce rythme de skieur, mais là, dans cet endroit il avait frôlé une sorte de torpeur indéfinissable. Là encore, Yuyu avait-elle saisi son désarroi, l'avait-elle réconforté en lui prenant la main avec cette énergie qui lui faisait rarement défaut ? L'incident fut vite oublié, ils parcouraient maintenant les escalators des magasins en riant. Avait-elle remarqué la profonde détresse du français, que l'action gratuite de certaines personnes, surtout des hommes, avait désemparé ?

Difficile de répondre à cette question qu'il ne devait pas lui être posé mettant en doute la conduite de ses concitoyens et par cela, elle-même. Il était probable qu'elle aurait répondu : Non !

Les Chinois ne sont pas tendres pendant leurs déplacements et le problème de masse ne faisait que grossir ce dilemme. L'impassibilité légendaire des Chinois serait-elle un mythe aujourd'hui ? Emportés inconsciemment par la frénésie des transports en commun, en oubliaient-ils l'esprit du respect et l'altruisme de naguère ? Bafouer les règles élémentaires de politesse ferait donc partie de l'émancipation de ce pays ? Bùbù perdait un peu de contrôle, d'assurance devant des faits si troublants et dont il ignorait le sens et l'origine. Il avait beaucoup lu de livres et de romans sur la Chine. Entre autres celui de Han Suyin. Elle disait de son pays, « il y a toujours de nouveaux commencements en Chine, conséquences des changements incohérents qui sont trop nombreux et trop brusques pour permettre au cerveau humain de s'adapter. C'est une vie illogique... » Bùbù pensait que venant d'une Chinoise émigrante, il pouvait corroborer tranquillement cette analyse. Certes, cette pensée l'aidait à mieux surmonter quelques contrariétés sans que Yuyu s'en aperçoive.

L'accueil aux restaurants qu'ils fréquentaient était plus jovial et même très cordial. Les portes s'ouvraient davantage, les têtes se courbaient à leur arrivée avec des grands *ni hao* de bienvenue. Un protocole que Bùbù adorait et qui touchait son ego. Avec toujours cette impression d'être le seul étranger égaré dans les rues de Guangzhou, aux bras d'un guide qui n'en était plus une, mais une femme accompagnatrice de plein de bonnes attentions. C'est peut-être dans ces moments-là que l'un et l'autre s'interrogeaient le plus sur le but de leur relation. Car ni l'un ni l'autre, ayant peut-être cette peur de casser l'équilibre du couple, n'osait parler fiévreusement ni ouvrir le sujet concernant l'avenir. Le temps passait à une vitesse folle et ils voulaient sans se le dire profiter au mieux de cette romance. Il serait bien temps de se créer des objectifs !

Elle regardait des séries télévisées et lui jouait avec son translateur en pinyin en attendant de pouvoir aller se promener. Un après-midi printanier, ils avaient fait du pédalo sur le lac du parc, ils avaient pédalé comme des gosses heurtant les autres embarcations en leur jetant de l'eau. Ils avaient marché longuement dans les rues de Guangzhou balayées par le vent. Ils avaient dormi, harassés, à poings fermés dans les bras de l'un et de l'autre. Le matin, il buvait du thé vert, Yuyu dégustait une pomme, elle adorait ce fruit, elle partageait une tranche qu'elle engouffrait dans la bouche de son amant, en riant de bon cœur. Elle avait aussi beaucoup ri quand on leur apporta des os de mouton cuit à l'eau dans un grand restaurant. Il fallait les dévorer avec un gant en plastique tellement la viande glissait entre les doigts. Il en était plein de jus et de sauce dans les moustaches.

– You are the dog, whoa! Woaf!
– No, I'm the wolf, I eat you the evening…
– Hé...

Elle aimait manger, son appétit était très élevé, elle goûtait aux bonnes choses de la table et Bùbù qui payait toutes les additions peu coûteuses était très heureux de lui offrir ces repas. Elle appréciait et demandait des sauces de soja mélangées avec d'autres fumets pimentés pour améliorer les goûts. Elle adorait se délecter de succulents pigeons cuits et parfumés aux cinq épices.

Un soir, elle avait senti la chaleur lui traverser tout son corps quand il avait parcouru de ses mains chaudes et lisses toute la surface de sa peau de sensuels effleurements, de divins attouchements en inondant de pluie charnelle les profondeurs inassouvies du puits de sa soif de plaisir. Elle avait frissonné du désir et offert sa toison mielleuse aux charmes de ses doigts magiques. Ils échangèrent une multitude de petits baisers comme des oiseaux printaniers avant de verser leurs enchantements dans un sommeil moelleux, leurs corps s'enroulant comme une liane torsadée d'une statue humaine à l'effigie de Fuxi et de Nuwa. (Le mythe des dieux de la préhistoire chinoise.) Même leurs doigts de pied semblaient être soudés de leur étreinte amoureuse.

Les matins embrumés, ils restaient pelotonnés dans cette odeur de soie et d'ivresse amoureuse. Les draps respiraient cette essence, ce parfum de sexe, de transpiration, d'humidité, symboles du plaisir partagé. Ils s'aimaient sans interrogation.

– Wo ai ni Yuyu ! *je t'aime Yuyu !)*
– Wo ai ni, my Bùbù

L'exode des passagers sans train ni avion et sans bus continuait et pendant les nuits froides, une organisation à l'aide de haut-parleurs essayait de trouver des abris pour loger les naufragés de l'hiver. Plusieurs fois, les amants étaient réveillés. Par les fenêtres, on voyait de grands défilés de gens aux habits noirs avec leurs bagages se déplacer dans la rue sous l'hôtel. Vers quelle destination ? Bùbù était interloqué devant toutes ces masses glissantes d'une rue à une autre dans un silence de mort, puis des ordres trouaient le silence : la voix caverneuse des haut-parleurs. Une ambiance de guerre malsaine presque douteuse, une marche nocturne fuyante qui se propageait dans les rues. Une drôle de manifestation et qui n'encourageaient pas les gens à sortir leurs bouts de chemise dans la nuit. Bùbù, refroidi par l'incident de la gare, regardait avec recul ce spectacle, navré de voir tous ces pauvres gens impuissants, trimballés de droite et de gauche. Perplexe, il se demandait si les gens, plus ils étaient nombreux dans l'enthousiasme de la révolte, plus, ils avaient la force de renverser des gouvernements et plus, ils étaient nombreux dans la détresse, plus ils étaient incapables de défier leur destin et refaire surface. Une question de meneur et d'organisateur. Les raisons mathématiques des engrenages avec les roues menantes et les roues menées qui forment le parfait roulement des cliquetis de la démocratie. Y avait-il encore de la place sur les murs de la ville pour écrire des « Dazibaos » de mécontentements à la place des posters publicitaires qui inondaient la ville ? Le grand homme par la taille devenait une insignifiante fourmi dans l'univers de la grande cité asiatique aux mille visages, avec sa cohorte d'habitants autochtones.

La première dispute si l'on peut dire... Bùbù toussait de plus en plus. Elle le couvait et le réchauffait, mais le mal était dans le fruit, le ver dans une pomme et tous les soirs il donnait un concert de toux amplifié par un asthme sous-jacent. Yuyu souffrait comme lui de ses éternuements et ses cascades successives de toux grasse et sèche. Sous la pluie et dans le froid, elle avait demandé conseil dans une officine une nouvelle fois. Mais, il n'avait pas confiance et il refusait de prendre les médicaments. Alors, elle siffla de colère devant son obstination. Elle bouda, elle demeura statique à tous ces gestes. Les bras croisés et bloqués, elle resta assise en position de lotus et ferme comme une statue de craie.

Boire de l'eau avec ses comprimés ! Le verre à la main, elle attendait avec patience assise sur le lit, qu'il se décide. Aimer, c'est soulager les souffrances de l'autre. Yuyu évitait son regard. Elle faisait semblant de s'intéresser à la télé. Elle jetait un œil discret par la grande baie, sur le spectacle crépusculaire du parc. Les pédalos ressemblaient à des tortues avec leurs carapaces peintes et leurs têtes de Mickey et de Donald cherchant une sortie pour échapper à des prédateurs imaginaires avant la tombée de la nuit devenue grise. Ils contournaient avec lenteur les murs de l'hôtel-restaurant au style anglais illuminé pendant la fête. De son côté, Bùbù tentait de lui faire comprendre qu'il ne connaissait pas ses molécules. Ensuite, il avait pris les médicaments à contrecœur en espérant qu'il n'y arrive aucune complication. C'était sûrement leur premier différant sur la confiance aveugle mutuelle qu'il avait établie depuis leur rencontre. Comme tous les couples, une petite griffe à fleur de peau, mais qui reste marquée pendant un instant, ce temps de la guérison superficielle.

Le Français gonflait son corps de géant, il se battait contre cette gêne qui entravait sa vie amoureuse. Une poisse glaireuse enfouie dans le plus profond de la trachée du qi. Ils déambulaient dans les rues légèrement désertées, elle lui avait entouré le cou de son écharpe bleu ciel qui contrastait avec le rouge sanguin de son anorak.

Sublime tendresse, disait Bùbù : « *De l'ouate avec ton odeur de femme, cette imprégnation de blancheur et de frisson, de tes pores sur moi. Je ne veux en aucun cas que ce morceau de toi soit lavé, cette laine entoure toute ma vie et ma respiration* ! » Yuyu veillait sur lui comme une garde malade et les nuits, il reposait sans morphine, ni Ventoline dans les bras de sa bien-aimée. Chacun adoptait un rituel, pour évacuer la complexité que représente la vie, même de Bohême, dans une chambre d'hôtel pendant une durée relativement longue. C'est lui qui se douchait en premier et qui malgré son ignorance de la langue chinoise faisait une place dans le grand lit en regardant la télé. Un soir, il se mit à rire en voyant les affres du président français, Sarkozy, passé à la moulinette par la presse chinoise. Ce manque de tact au Salon de l'agriculture ! Quelle navrante anecdote ! Yuyu se demandait si tous les Français étaient pareils.

– No good that! disait Yuyu.

Soudain, il avait pris peur, car elle avait gardé, pendant une très longue heure, cette barre de contrariété sur le visage. Elle restait songeuse. On peut toujours penser, même quand il est impossible de s'exprimer librement à haute voix. C'était la première fois qu'il sentait un malaise entre elle et lui.

Yuyu pensait que la France, ce pays du plaisir et des parfums, de la mode était plus courtoise, et avait plus de classe. Cette histoire avait troublé les deux amants, mais les choses reprirent leur place rapidement. Une grande partie de la population féminine avait ce regard sur l'occident. Bùbù faisait sans le savoir le pourvoyeur de cette culture capitaliste avec son opulence et son orgueil. Pour lui, la Chine s'ouvrait en deux politiques, celle du communiste dirigé par le parti unique et l'autre plus pro capitaliste industrielle et financière. Mais à aucun moment, il n'avait pensé que la politique engagée maintenant par les dirigeants pourrait nuire à son destin. Il pouvait envisager un mariage interracial sans aucun problème et l'affaire semblait entendue quoique les formalités à remplir restent assez difficiles et assez conséquentes. Il restait sur sa réserve quant à cette éventualité. Le bonheur de vivre avec une Chinoise en Chine sera un défi, mais pas incontournable, car il aimait sincèrement Yuyu.

Elle occupait ses pensées jour après jour, surtout quand il était éloigné d'elle. Elle appelait sa mère tous les jours après la douche et prenait bien soin de savoir si tout allait bien pour elle. Yuyu est une femme enjouée, une petite femme, comme beaucoup d'Asiatiques. Elle aime les parfums. Elle est belle avec sa chevelure noire qu'elle secouait souvent comme une gerbe de roseaux, elle est belle de ses yeux au contour noir et presque rond, plus ronds encore quand elle riait de belle façon. Ses doigts étaient d'une grande agilité et d'une force tenace surtout quand elle serrait ceux de Bùbù. Quand elle sortait au lieu de mettre un séduisant tailleur, elle enfilait un gipao de soie avec cette ouverture coquine sur la jambe excitante montrant le haut de la jambe en invite secrète. Elle choisissait des couleurs pastel avec des oiseaux ou des fleurs sobres, mais pleines de lumière qui rehaussait sa blancheur naturelle. Mondaine, mais pas sophistiquée, elle faisait remplir de désir certains regards. Seul petit défaut, elle avait de jolis petits seins, mais forts attendrissants. Elle portait des soutiens-gorges rembourrés comme la plupart de ses compatriotes. Ce qui donnait à l'ensemble une remarquable silhouette. Dans les boutiques, des coquins dessous faisaient étalage de toutes les couleurs et de toutes tailles et c'est là que Bùbù s'était rendu compte de la supercherie. Un épais tissu renforçait le bonnet et donnait à la poitrine un certain volume. Un « *Wonderbra* », façon chinoise. Avec elle, il avait visité des centaines de boutiques au choix incroyable débordant de fantaisie et bien souvent pour revenir bredouille. C'était quand elle mettait un tee-shirt près du corps que Bùbù la trouvait plus exquise et plus séduisante qu'à l'habitude. Elle enfilait une jupe longue qui donnait de la rondeur à ses petites fesses. Une petite femme bien distinguée avec cette petite audace, ce petit grain de fantaisie qui plaît aux hommes. C'est le trop qui ne fait pas le peu.

Elle se sentait libre, légère, mais ancrée dans une responsabilité familiale. Beaucoup de femmes chinoises pouvaient jouir aujourd'hui de leurs charmes et cela depuis une trentaine d'années. Beaucoup avaient l'élégance que les femmes ne pouvaient espérer il y a une cinquantaine d'années en arrière. Elles sortaient visiblement de l'horrible carcan des soumises, des discrètes et des concubines. Fallait-il rappeler la Chine antique à l'époque des dynasties et des empereurs ? Aujourd'hui, Shanghai est la ville des plaisirs, elle reflète un autre aspect de l'émergence chinoise. Canton plus au sud gardait le doux climat en hiver et tout ce qui en faisait la différence. La vie cantonaise est plus classique, plus citadine et Bùbù trouvait que les grandes rues et les buildings avaient un certain envoûtement dans la modernité. Peut-être que la présence dans cette grande cité de Yuyu y était pour quelque chose ?

Mais cet hiver avait marqué les esprits. Sur le lac, par centaines des poissons morts flottaient à la surface de l'eau, le ventre brillant retourné dans une eau verte et nauséabonde, une odeur de vase forte et prenante. Le refroidissement des eaux en était la cause. Spectacle désolant. Ils se baladaient souvent autour cet endroit quand les poissons furent extraits de leur saumâtre linceul et que la nature reprenait un peu des couleurs perdues pendant ce coup de froid. Les jours étaient passés à la vitesse des étoiles dans un firmament de bonheur et de joie, de jouissance, de sensualité, d'amour partagé, de grandes émotions, de sommeils sans fin, d'une hibernation douillette.

Assise sur un muret au bord de l'eau, à l'abri d'un arbre séculaire, Yuyu semblait avoir le cœur qui se déchirait. Ses yeux avaient la couleur de diamants opaques, des cernes de velours atténuaient son regard et une grande tristesse blanche se déposait sur son visage. Elle entonnait une complainte douce, presque un murmure, un clapotis de larmes venant d'une pluie de chagrin.

– « Ni wen wo ai ni you duo shen… »
–What the song my Yuyu?
–The question for you,
–What the question?

Elle sortit sur le fait une bande de papier du genre ticket de restaurant et un stylo. Elle y inscrivit d'une écriture limpide quelques mots en anglais et en pinyin et le tendit des deux mains en le fixant à son amant comme un témoignage poignant. Les mots finirent par crucifié Bùbù. Elle le regardait pour savoir ce qu'il allait répondre.

– Wo ai ni ! Je t'aime in French, Yuyu !
– Love, love! Bùbù

Ensemble, après quelques hésitations, ils chantaient cette complainte à la lune et leur amour. Ils avaient perdu le sens des réalités, les vieux promeneurs et même certains jeunes se retournaient sur eux avec admiration. Devant l'hôtel, elle avait sauté sur le dos d'André avec une grande joie qui avait failli perdre l'équilibre devant les gens de la police un peu soupçonneux. Elle défiait, elle confrontait, elle voulait la lumière de cet amour du bout du monde. Les fantasmes désavoués qui l'inondaient dans sa chair se cristallisaient comme du miel et se transformaient dans une sorte de drogue sucrée. Elle aimait la peau, les poils, le sexe, le poivre et l'odeur corporelle, épicée du Français. Elle adorait ses yeux verts bruns et son sourire dévastateur. Son cœur chavirait bousculant son énergie, et chaque fois, elle acceptait la richesse de ses caresses, de ses doigts, leur musique sur ses lèvres, un psaume d'ivresse. Elle ne refusait jamais ce contact pileux et soyeux, et l'exubérance du désir qui l'entravait. Délirante suave, flottement en vaguelettes douces et puissantes à la fois comme un ressac dans son corps, comme une brise tiède émouvante qui lui soufflait l'âme. Un rien, un frôlement, une caresse adroite et elle fondait dans cet océan de plaisir, aspiré vers le vide chloroforme, aux senteurs de musc. Elle abandonnait sa chair avec envie, son écrin de rosée vertueuse avec plaisir, laissant monter l'embrassement, de mille feux amoureux. Elle s'étonnait de la virilité et de la jouissance de son amant toujours renouvelée. Bùbù donnait avec largesse toute sa vigueur d'homme, et avec un peu de répit, un sommeil de plomb réparateur, il reprenait la voie des douceurs avec tout le charme qui l'accompagnait indéfiniment, couvrait de ses baisers, de ses tendresses, de ses câlins, de ses chatouillis le corps blanc, laiteux et soyeux de Yuyu. Comparable à un vertige, à une drogue aphrodisiaque, il exultait ce sentiment d'insatisfaction, pour vaincre cette peur de la perdre, chose qu'il n'osait imaginer. Cette drogue, c'était elle, avec cette cambrure des reins morphologiquement et typiquement chinoise. Elle éclatait de tant de sensualité : une merveille de beauté asiatique.

– He, Bùbù ! One time? Two times? Three times? What do you want again?

Elle riait aux éclats.

—I'm sorry, you are beautiful in love, I cannot...

—Love, love, love! Do you are not tired?

—No, good, very good, it's natural the love

–I believe you, my Bùbù! Ho! Three times, big love! Big love!

Il faisait l'innocent, l'air interloqué comme gêné de tant de prouesses, mais si épanouissant, si riche. Son regard déclina tout en suivant des yeux Yuyu dont il attendait une réaction... était-elle blessée, forcée, outragée, diminuée, démoralisée, insatisfaite ou pire, presque violentée ? Son expérience lui disait que non, il était très attentionné et prévenant. Il respectait la douceur et restait sensible à toutes les réactions émotives de sa partenaire.

—You have a big nose! Hé, hé, disait-elle avec humour. Elle répétait : big nose! Hé, hé !

« J'aime mieux grand nez que Negro » les références et les comparaisons lui tuaient le moral, mais comment lui dire son malaise, à moins que cela puisse dire la même chose : Occidental.

« Grand nez. » C'était le surnom de l'Allemand Otto Braun désigné pour conduire les troupes communistes pendant la Longue Marche. (Il cachait souvent son appendice nasal avec sa main pour s'adresser aux troupes)

Bùbù faisait la moue. La moue, c'est souvent le siège de l'incompréhension surtout lorsqu'on est mal assis ou entre deux chaises.

Elle lui prenait la main et serrait fort pour l'empêcher de penser, de réfléchir avec toutes ses réflexions négatives qui en découlaient, et pour l'échange, elle donnait des couleurs à un autre sujet. — Je m'habille comment ce soir ?

– Où va-t-on dîner, le restaurant d'hier était sympa ? Veux-tu encore manger des raviolis ?

Les yeux rivés dans ceux de son amant, elle le défiait, lui imposait une nouvelle gymnastique cérébrale pour qu'il ne perde pas le sens du réel. En effet dans ce décor d'hôtel, aux sons des mélodies chinoises, du tumulte de la rue, il commençait à se demander s'il n'était pas en train de vivre un rêve ou d'écrire sa propre histoire depuis qu'il avait décidé de coucher des mots sur du papier blanc. Mais peut-on écrire un livre, une histoire d'amour si l'on ne sait pas s'il y avait une fin ? Il avait déjà, tracé les premiers chapitres, un début qui lui semblait très facile, car c'était du vécu. Mais, pour le suspens, il ne savait pas s'il y en aurait. Établir des hypothèses et imaginer une histoire mensongère, il n'en était pas question, l'amour qu'il avait pour Yuyu était incontournable, respectable. Cela serait trop grave d'inventer, de faire des prémonitions. De cela, il en était incapable. Le seul moyen de s'en sortir était d'attendre des décisions, le cours des évènements, la vie au présent. Il ne savait pas lui-même ce que cette vie allait lui réserver. Si cette relation avec Yuyu, leur avenir, leurs projets en commun de vivre en Chine, se marier était la bonne voie. Yuyu était plus sensible sur le sujet, elle avait sa maman avec elle, un peu handicapée et pour elle, le constat était édifiant, elle devait rester auprès d'elle à Guangzhou. Elle attendait beaucoup de Bùbù.

Mais la fin de ce mois de février annonçait aussi la fin des amours des câlineries, des nuits de caresses, des baisers fous. Elle allait reprendre son travail et lui repartait vers la France vers ses enfants et petits-enfants ; quelque chose se brisait dans leur cœur, cette cassure sanguinolente de cette fibre affective, de cet amour que tous le deux voulaient conserver intact malgré cette séparation éminente qui les démolissait comme une petite mort. Yuyu devenait inconsolable et cela tournait à l'agressivité verbale. Bùbù faisait de son mieux pour cacher son angoisse. Il rivalisait de tendresses et de câlins, mais il était impuissant et guère plus attractif que sa compagne. Il entrait dans une tristesse évidente. Les traits tirés, son regard vert portait le voile de la grisaille. Son allure de Play-boy avait disparu et ses épaules tombaient en signe de faiblesse morale, la tête basse pour éviter de montrer son désarroi. Le plus difficile, ce sont les adieux, ce n'est jamais réussi dans ce cas-là, c'est toujours une source fade, dramatique qui jaillit dans les cœurs, même pour les plus préparés à l'évènement, la chose est pitoyable. La peur du lendemain, peut-être de ne plus se retrouver aussi. Qui n'a pas eu ce sentiment un jour d'être largué dans un vide sur le quai d'une gare ou devant le contrôle policier d'un aéroport ?

Il avait passé cette dernière journée en visitant le Temple Chen près Du Liuhua Park, mais chacun restait silencieux ; il avait donné la caméra à Yuyu, il avait donné de la chorégraphie avec des mouvements de taï-chi-chuan devant la grande porte avec une femme qui pratiquait cet art avec une grande aisance. Il avait avec son grand manteau l'air d'un ours polaire habillé de rouge exécutant son numéro de cirque : un vieux plantigrade en fin de carrière. Cela avait amusé Yuyu en cameraman avisé. Un rire masqué et intemporel qui resterait dans la mémoire de chacun d'eux comme le refrain malheureux de cette musique leur appartenant. Cette chanson, cette complainte déchirante :

« Ni wen wo ai ni you duo shen… »

Dans la grande salle de l'aéroport, les boutiques se fermaient une à une, à cause de l'heure tardive, Bùbù embarquait pour le dernier vol enregistré, devant le tableau des fuseaux horaires, ils s'essayèrent. Peu de personnes, le vide s'installait, seuls les éclairages puissants donnaient encore de l'importance à ce monument architectural de poutrelles en métal et d'ouvrage de verre.

Yuyu refusa qu'il puisse la prendre sur le disque de la caméra, elle ne voulait pas que l'on voie son air affligé ; ses yeux noirs avaient perdu cette candeur irrésistible, leur contour velouté se barrait d'une dureté désespérante, comme si l'injustice humaine allait tracer une indélébile cicatrice. Le maquillage ne servait qu'à faire ressortir cette exaspération. Ils n'avaient rien décidé de leur avenir et cet amour stagnait dans les coulisses du néant et du probable. Du vécu à l'inexorable destin dont personne n'est maître ; un sourire effacé sur le visage de chacun compensait ce manque de courage à exprimer leur tristesse. Ils avaient passé une vingtaine de jours merveilleux de bonheur et de tendresse partagée, une surdose d'affection, unique, dans chacune des deux vies. Fallait-il se contenter de ces instants extraordinaires, peu communs comme d'une seule expérience inoubliable ?

Leur dernier baiser avant que Bùbù ne se retourne vers la porte du contrôle fut plus pathétique que la première fois, plus soudé, plus marquant comme s'ils voulaient garder imprégnée cette saveur de leur salive mélangée sur leurs lèvres et sur leurs langues ; une manière de donner des couleurs à l'invisible trace l'étoffe de leur muqueuse encore pendant les heures qui vont suivre.

Grisée et mélancolique, Yuyu était repartie sans se retourner pour échapper à de plus cruelles impressions d'abandon et de dépeuplement dans le grand hall. Elle héla l'un des derniers taxis et formula son adresse comme agacée ; elle savait qu'elle ne trouverait pas le sommeil le soir.

Au-delà de la barrière des douanes, ce qui choqua le plus Bùbù, c'était la nudité soudaine du moment, le vide. Les fonctionnaires n'attendaient plus qu'un seul passager et c'est lui. Il est le dernier à passer son sac dans le tunnel de la radio, et tous semblaient vouloir terminer leur travail rapidement. Il déambula seul dans les grandes allées, le cœur serré. Ses jambes sans appui semblaient molles et survolaient la moquette brune, avec cette envie soudaine de repartir en arrière. Il pensait que cette fille du Yangs té était plus forte caractériellement que lui : il en souriait.

« Tu manques, tu manques, tu me manques ! » Elle avait envoyé ce message de détresse sur son ordinateur et Bùbù avait ressenti une émotion comme il n'en avait jamais connu auparavant. C'était sûr, les sentiments pour cette femme étaient plus forts que ceux éprouvés avant ; il savait qu'il repartirait vers elle...

Olympiques…

L'espoir de se revoir, l'espoir de vivre encore leur amour, leur donnait confiance et Bùbù avait déjà dès le premier mois du retour, pris des dispositions pour son prochain voyage ; en période de Jeux olympiques, il ne fallait pas lésiner sur les moyens et le coût des transports allait évoluer dans le mauvais sens. Il lui avait laissé sa webcam et tous les deux pouvaient profiter de la technologie cybernétique pour communiquer. Un plaisir manifeste, chaque fois qu'ils se connectaient, la vision, l'image de l'autre par la voie de la messagerie devenait une petite fête, un échange de gestes de regard de chacun d'eux. Elle passait son temps entre sa maman et le lycée, et n'avait guère de temps pour elle, mais tenait à retrouver cette communication avec Bùbù. Le rituel était bien rodé, l'absence plus facile à supporter. Les rires, les plaisanteries, leurs souvenirs, leurs coucheries, leurs repas, leurs meilleurs instants et leurs petits tracas, ils pouvaient les partager. Avaient-ils, une seule fois, abordé la question du mariage ? Oui, mais superficiellement, jugeant peut-être qu'il était un trop tôt pour faire ce grand pas ? Comme si les liens du mariage n'avaient guère d'influence sur leur relation ? Yuyu mettait en exergue la présence de sa maman à la maison, son handicap insurmontable. Tous les week-ends, elle faisait tout, et ce malgré les intempéries pour que sa mère prenne l'air dans son fauteuil roulant et le soleil printanier, car bientôt, il fera chaud presque trop chaud pour elle. Avec soin, elle la déposait chez une amie, elles partaient ensemble sur la grande avenue *Jing Sha Zhou road*. Souvent, une garde malade prenait le relais pendant qu'elle faisait ses courses. La classe du lycée n'était pas de tout repos et c'est à l'aurore qu'elle partait faire son enseignement aux plus jeunes. Une énergie déployée avec entrain. Jamais elle ne se plaignait gravement. En Chine disait-elle : — Les enfants doivent faire vivre leurs parents quand ils deviennent âgés, c'est une loi forgée par la famille et dans notre famille, nous respectons cela ! Bùbù comprenait les réalités de l'existence, mais égoïstement refusait de croire qu'elle pouvait un moment faire le choix entre lui et sa mère, sa famille appartenait à elle et lui ne pouvait s'intégrer que par la force des choses. Donc il pensait qu'un jour, il pourrait partager son quotidien avec la fille et la mère. Tout cela paraissait raisonnable et bien construit pour lui. Il pensait déjà à apprendre les rudiments de la langue, le mandarin c'est le passe-partout et les premières intonations sortirent de sa bouche ; les tons et les nuances passaient mal et il était loin de pouvoir s'exprimer fièrement, mais égal à lui-même, il continuait à s'initier sérieusement malgré cette difficulté avec l'âge en prime où les assimilations sont moins perceptibles. Ne rien gâcher de son temps pour donner cette preuve bien vivante de son attachement ainsi qu'à la Chine tout entière ! Car ce qu'il était venu chercher dans un lieu étranger guidé par une intuition qui lui est très familière presque comme un deuxième cerveau, c'est l'amour pour cette femme et son univers. C'était cette passion qui en découlait. Il s'en étonnait tous les jours, une grande portion de son esprit était occupée par ce monde curieux qu'est l'Asie et surtout la Chine. Comment était-il arrivé à ce stade de cet attachement pour la Chine ? Il ne se souvient pas, car les évènements liés aux charmes envoûtants de ce pays l'on projetait dans cet univers sans qu'il en ait le pouvoir d'y échapper. Tout a commencé par une chemise en carton ou il avait écrit ce mot en lettres capitales : Chine. C'est un parcours fantaisiste et parfois tortueux, mais si fabuleux, une superbe envolée dans l'existence, loin de l'exaspérante et ignoble manifestation du genre « tourisme sexuel. Il avait évité ce piège pourri sans problème. Il trouvait ce commerce répugnant. Malheureusement, c'est encore le cas dans certains pays du sud de l'Asie.

Loin de Yuyu, il vivait de l'espoir de la revoir et comptait les jours pour se retrouver dans ses bras, lui murmurer les mots qu'elle aime entendre, la couvrir de caresses. Comme tous les soirs où il massait avec une tendresse inouïe toutes les parties charnues et les plus intimes de ce corps dont il ne cessait d'admirer les courbes sinueuses, les muscles saillants amollis, cette peau veloutée comme un jeune fruit tropical. Et aussi ces matins joyeux, quand il l'embrassait par petits baisers sur le haut du chaton de poil, elle venait alors avec sa petite culotte dans la main, Bùbù devait la lui remettre, car il avait fait le geste inverse la veille. Ils jouaient érotiquement. Toutes ces images, il les visionnait dans son cerveau comme une joie intense, un plaisir sans nom. Il ne trouvait rien de plus sublime ; l'extase et l'exultation des sens. « Des micros — jubilations jaillissantes comme des étincelles dans une mini galaxie de jouissance », disait-il pour expliquer les instants matinaux ; vertiges de Yuyu qui laissait épanouir la source sacrée sous le mont de Vénus en perles nacrées en sillons humides et luisants.

Atmosphère sucrée et tendres échanges de troc amoureux qui donnait une joie naissante à chaque nouvelle journée. Une certaine manière de proclamer et de perpétuer leur affection ; une offrande charnelle et sensorielle. Comment pourrait-on effacer de sa mémoire ce délicieux et fugace hyménée ? Comment ne pas en redemander ? Pourrait-il un jour effacer de son esprit cette pâmoison, ce breuvage délectable et exquis ? Ce contact soyeux ? Comment ne pas aboutir à ce manque même le plus élémentaire ? N'était-ce pas cela la parturition d'une des plus grandes souffrances psychologiques chez l'être humain ? Yuyu, elle ne parvenait pas à passer ce cap sans manifester des troubles de toutes sortes. Règles plus difficiles, douleurs morales et abdominales, accès de nervosité et de même de colère, des rougeurs et des picotements sur tout le corps, perte de sommeil et puis de longues fatigues. Bùbù, lui entrait dans une dépression temporaire avec des créneaux de phases euphoriques. Puis s'en suivaient des périodes de chagrin insupportable. Chaque mot et chaque chose avaient leur importance !

Le petit cochon en porcelaine sur son bureau, qui lui faisait un gentil coucou de la patte, Yuyu avait le même et qui envoyait un bisou en rappel de l'année du Cochon, quand il le regardait, lui sortait une larme au coin de l'œil ; le plaisir de lire les mots qu'elle lui envoyait lui avait inspiré un poème :

Yuyu

Un mot gentil, le monde est nouveau
Une lettre, c'est un petit mot sans maux
Je cherche la main qui écrit cette lettre

Dans ce mot, je crois, la vôtre peut-être ?

Seuls les mots ajoutés nous rapprochent
Vos doigts de leurs graciles élans crochent
En musique, la symphonie des écrits soyeux
Les paroles d'un vocabulaire très mélodieux

Sur le petit écran s'affiche le petit dialogue
On croirait parler au mur un monologue
Mais une photo éclaire soudain ce langage
Je regarde : mais elle me parle cette image !

Attendre le jour du réel, pas de masque
Retrouver ce visage, l'admirer sans frasques
Être soit même, se parler, s'interroger
Se regarder, hésiter, et surtout s'aimer

Ah ! Si tout était si facile ! Je ne sais pas.
Si j'avais besoin d'écrire tout cela.

Mais les questions qu'il se posait souvent, c'était sur lui-même. N'était-il rien d'autre qu'un doux rêveur ? Un poète perdu dans cette génération du portable, de la communication et de l'informatique ? Était-il en dehors de la réalité ou encore était-il devenu ringard aux yeux d'une certaine société dite avancée ? Pouvait-on encore gagner l'amour en cueillant Fleurette au coin du bois ? Le romantisme était-il un genre suranné ? L'argent aurait-il démoli toutes sortes de sentiment amoureux par une galopante envie de pouvoir et de possession matérielle ; Bùbù pensait sérieusement qu'on ne pouvait pas être trop loin du compte dans un futur très proche ; il contournait toutes ces pensées bien légitimes et repartait dans son lyrisme prochinois avec la même superbe flagrance, comme si le vent de l'amour le poussait vers ce destin en le faisant vivre intensément. Il traduisait ce qui pouvait être une idylle, comme une grande chevauchée amoureuse, une incroyable chance, une superbe envolée fantastique. Alors bravo ! Toi, le cher poète se disait-il en écrivant des vers avec la hargne d'un Raimbault de ce nouveau siècle ? Laissons aux incultes railleurs, persifleurs de tous les acabits de ce monde la place qu'ils méritent ! Bien souvent, la chanson de la « Lune » lui parvenait, lui traversait la tête comme un rappel. Le processus se déclenchait, elle passait en boucle comme un satellite autour d'une planète, en diffusant les notes venues du cosmos et envahissant pendant de longues heures le centre de ses intérêts quand il mangeait et quand il regardait la télévision. Parfois, certains soirs, il regardait la lune. Il avait l'impression qu'elle le regardait et lui envoyait de tendres mots d'amour. À se demander, si la folie n'était pas en train de le gagner. Cette chanson, aussi si belle soit-elle, fort joliment chanté, ce refrain ne lui jouait-il pas un mauvais tour rendant ses belles et folles pensées bien tristes malgré tout ?

Il avait promis de la revoir pour l'été et cette promesse, il était sûr de pouvoir la tenir ; il allait s'installer pour plusieurs mois, pour créer l'avenir avec elle. Il espérait beaucoup de son prochain voyage. Ils ne pouvaient pas rester éternellement séparés avec des alternances démoralisantes faites de retrouvailles inespérées et d'absences insoutenables.

Yuyu avait secoué les idées romantiques et levait au-dessus de leurs têtes le spectre d'une liaison qui pourrait s'essouffler, s'ils ne lui donnaient pas une dimension nouvelle !

Bùbù en homme avisé cherchait des solutions pour ne pas la décevoir. Elle l'aimait et elle pouvait attendre encore. Ce n'était pas le problème.

Les évènements qui font l'histoire des grands hommes font aussi l'histoire des plus petites gens qui restent dans l'ombre et qui ne peuvent pas intervenir pour changer les choses ou si peu.

La Chine devait connaître l'un de ces séismes les plus catastrophiques depuis de longues années après un hiver des plus froids et marqué par une immobilisation quasi générale due aux intempéries. Un tremblement de terre très élevé sur l'échelle de Richter faisait des dégâts considérables dans les régions centrales du Hunan avec des milliers de sans-abri. Des contrôles de la situation géologique furent établis, car des digues gigantesques menaçaient de s'éventrer et de détruire des milliers d'habitations en aval.

Bùbù se sentait très proche et s'empressa de prendre des nouvelles de la famille de Yuyu dont une sœur habitait à Chengdu. Rien que des bonnes nouvelles, il s'en réjouissait ! Mais cela augmentait sa peur qu'il ne puisse un jour ne plus voir sa belle.

Cette peur, il ne l'avait jamais ressenti aussi fort dans son ventre auparavant. Il n'était sûr de rien et quand les actualités noircissaient le ciel de La Chine, cela l'irritait au plus haut point surtout quand il entendait les médias démobiliser l'ardeur des Chinois pour les Jeux olympiques. Les difficultés que rencontrait le pays n'arrangeaient rien dans son état d'esprit. Il était impuissant devant les soupçons de boycott de certains dirigeants politiques des pays européens. La révolte des Tibétains, l'insurrection qui suivait, le mettait dans un état d'angoisse pour son voyage ; la cause de ce peuple dépassait le cadre des Jeux et sous la bannière des droits de L'Homme certains dirigeants appelaient la Chine à la mansuétude et au dialogue avec le représentant des Tibétains : Le Dali Lama. Bùbù, pourtant d'humeur affable en général, était peu enclin à l'optimisme et devenait fébrile devant toute cette propagande Antichinoise. Sarkozy ne promettait rien. Il devait devenir bientôt le commis de l'Europe et représentait celle-ci.

A priori, il devait faire une simple apparition dans la cérémonie d'ouverture et Bùbù espérait que cela se passerait bien comme cela. Sombre déconvenue, il ne manifestait aucun attrait et attendait pour révéler son avis et sa décision. Cela affectait Bùbù. Quand serait-il des relations diplomatiques avec la France avant et après les Jeux ? Et si les frontières se fermaient devant son nez après les jeux ? Que faire devant histoire ? La démocratie peut tout supporter, mais pour lui, elle avait ses failles... Mais qui donc est-ce Robert Ménard ? Que voulait démontrer ce journaliste en hissant une écharpe marquée par des menottes sur fond noir dans l'entrefer de la Belle Dame ? En voulant accuser la Chine de barbarie ou autres exactions, il mettait en pleine lumière la France orgueilleuse et incapable de gérer ses propres manifestants. Que penser de ce manque de respect pour le monde sportif ? L'impardonnable bousculade perpétrée lors du passage de la flamme olympique dans les rues de Paris, cette cohue des manifestants allant jusqu'à mettre en danger une petite Chinoise en fauteuil roulant était pour lui, un outrage à la liberté et au sport. Une image forte, mais résultant d'une pauvreté d'esprit de gens agressifs et déchaînés. Mais, même si ce diable de Ménard croyait posséder des solutions de Talion, était-il indispensable de faire de cette fête tout ce gâchis pour donner une soi-disant leçon démocratique ? David Douillet en resta pantois quand on lui mit l'éteignoir devant le nez et le désordre qui en suivit. Avait-il conscience de rater quelque chose de grand ? L'association RSF au marketing débridée semblait chercher bien d'autres desseins. Combien de gens, soi-disant défendeurs de nobles intérêts et de liberté, ne pensent principalement qu'à leur propre image ? Toute cette avalanche de causes à effet contrariait Bùbù. Ses rapports avec la Chine deviendraient difficiles, houleux, tous ces hommes pouvaient, du jour au lendemain, faire craquer le fil tendu entre les deux amants. Yuyu qui avait pris connaissance des émeutes dans les actualités qui montraient moult fois la petite fille handicapée aux prises avec les émeutiers et qui émouvaient tout un peuple. La sentence fut drastique. Elle se concrétisait par un appel général au boycottage des entreprises et commerces français. Bùbù se demandait quand ce problème finirait. Quand sera-t-il maintenant de sa dignité auprès des gens du peuple, de ses valeurs en tant que Français dans la ville de Guangzhou ? Sera-t-il méprisé comme les magasins Carrefour, comme un produit de consommation ?

Bùbù avait le moral au plus bas d'autant que les choses se corsaient pour obtenir un visa. Vouloir rester plus d'un mois paraissait impossible, il fallait montrer patte blanche, billet d'avion en main avec retour et réservation d'hôtel ou lettre d'invitation. Yuyu s'empressa de lui envoyer cette lettre écrite en anglais et en chinois. Leur troisième rencontre semblait reposer sur le pouvoir et le bon vouloir des autorités consulaires. Allait-il obtenir ce joyau, un laissez-passer vers sa bien-aimée ? Le doute s'installait de plus en plus. Optimiste, mais ballotté par les affres de l'histoire, mais déterminé aussi à ne pas faiblir, il s'indignait de la tournure des évènements. La lettre tardait à venir dans la boîte alors il demanda à Yuyu d'en envoyer une seconde, ce qu'elle fit. Mais le jour du départ arriva...

Tiraillé par toute cette déconfiture, il ressentait les premières douleurs sur le côté gauche, insignifiantes puis plus amplifiées par moment et surtout difficiles à supporter certaines nuits. Il voulait passer outre, mais pesant le pour et le contre, il décida de voir son médecin ; diagnostic : une lithiase dans le rein gauche.
– Décidément, se disait-il, ce voyage ne devait-il donc pas avoir lieu ? Que la peur qu'il engendrait depuis quelques mois reflétait tous ces inconvénients, ses soucis. Fataliste, il s'accrochait à l'idée de partir. Yuyu appelait pour savoir s'il avait obtenu son visa. Elle priait pour qu'il ne rencontre pas trop de problèmes, si la lettre était parvenue. L'ombre d'une désillusion planait dans son esprit. Elle attendait avec cette impatience qui la caractérise.
Trois jours d'hospitalisation et tout devrait revenir dans l'ordre, mais ce caillou restait collé dans le rein et on lui suggéra une nouvelle fois d'intervenir ; le laser n'était pas si efficace que cela ; accrochée dans l'alvéole bas la lithiase résistait à toutes les attaques pour le réduire en poussière et enfin partir par les voies naturelles. Bùbù commençait à perdre confiance malgré tout. Un grand combat intérieur, qui le chahutait dans tous les sens ? Loin de lui, pourrait-elle accepter l'excuse de son constat d'échec ? Avait-elle une si grande confiance en lui ? Que se passait-il donc dans sa vie ? Puisque tous les incidents ajoutés l'un après l'autre lui barraient la route, vers son destin, si extraordinaire jusqu'à maintenant. Tous ses évènements lui disaient de ne pas partir. Mais tenace, il affrontait avec force et abnégation tous ces problèmes.

Yuyu, allait bon train, le peu de temps qu'elle ait devant elle, elle le passait avec ses amis ou avec sa mère. Elle accusait le coup à chaque épisode, elle redoutait la cascade infernale qui pouvait en ressortir, elle minimisait à Bùbù pour cacher son épouvantable peur ; certaines voix du peuple s'élevaient contre ces « chiens » de français, les ennemis de la cause et l'engouement des jeux Olympiques ; elle tressaillait devant cette colère montante. Dans son école, les sous-entendus malfaisants des puristes contre les valeurs françaises se faisaient de plus en plus clairs et son côté marginal agaçait les instances. Elle le savait, mais elle ne voulait pas que l'on touche à sa vie de femme ; quelques railleries, mais pas d'agressivités. Mais, tout se jouait en sous-sol, comme dans le métro à Guangzhou. On lui faisait comprendre que son travail pouvait s'en ressentir et qu'il lui fallait redoubler d'activité. L'évolution spectaculaire de la Chine dans le concert mondiale dépendait de gens comme elle. Elle cachait ce côté inconfortable et se morfondait. Seul le mariage pouvait être légitime.

La lettre arriva un mois après son envoi et le Français se demandait, si le retard occasionné n'était pas attentionné ou sournoisement anti-français. Il put de ce fait, faire établir son visa, réserver son hôtel et son vol. Un soulagement indescriptible, presque salvateur. Il écrivit la nouvelle à sa bien-aimée, elle reprit enfin confiance, bien décidée à retrouver son amant cet été. Ses préoccupations étaient de trouver une personne dans le quartier où elle habitait et qui pourrait prendre soin de sa mère pendant qu'elle pourrait passer des vacances bienheureuses avec Bùbù. Ce n'était pas chose facile. Cela fut fait.

Tout le nombre des tracas diminuait et les choses devenaient plus bienveillantes. Seule ombre au tableau : les amours et les vacances pouvaient se terminer brutalement si pour une raison quelconque le caillou dans le rein de Bùbù venait à *migrer* selon les termes formulés par l'urologue qui l'avait consulté. L'Épée de Damoclès était placée au-dessus de sa tête. Une autre entourée du serpent de la maladie logée dans son corps, la moindre douleur sur côté gauche et le moindre picotement pouvait dénoter un début de crise de coliques néphrétiques. Elle annoncerait la fin du voyage. Mais il avait choisi de prendre l'avion coûte que coûte. Serein, il ne l'était pas, loin de là !

Tout se compliqua quand Yuyu envoya un message urgent : sa mère venait de tomber dans la cuisine et son pied déjà amoindri venait de lâcher ;

« – I'm in hospital with mom, the doctor must be operation here, I hope we can to past next week together. But I love you and think you.

Yuyu.

Il cria son infortune, comme une calamité de plus. Cette nouvelle rejoignait le flot des plus mauvaises. Yuyu se démenait de son côté pour que sa mère aille mieux. Elle voulait conjurer le mauvais sort de ce qui arrivait vraiment mal. Fallait-il faire confiance au destin, ou à la chance ? Tout est affaire d'instinct ou de bon sens et le bon sens aurait été de retarder la venue de son amant. Elle ignorait que Bùbù souffrait autant qu'elle de cette intolérable scoumoune. Jusque-là, tout leur souriait et ils n'avaient aucun état d'âme en ce qui concerne leur admirable réussite amoureuse.

L'équilibre entre le yin et le yang venait de s'inverser, il contrariait et bouleversait leur projet. « Dans leur jardin de fleurs, des pierres lourdes comme des petites météorites étaient tombées en cassant les petites tiges des plus fragiles. Laissant des cratères et en enfouissant les plus belles ».

C'était l'image que se faisait Bùbù dans sa tête en voulant préserver son âme de poète entièrement intacte. Mais une boule se formait dans son estomac chaque fois qu'il pensait au pire : ne pas revoir Yuyu. Ce qui était un sentiment d'effroi et qui le traversait de part en part. Là où certains auraient abdiqué, il mettait tout en œuvre pour parvenir à ses fins. Ne serait-il pas plus déstabilisé en choisissant de rester sur une chaise, la mort dans l'âme, à pleurer sur son sort, comme certains hommes le feraient, mais au contraire avoir la dignité et la fierté d'avoir essayé d'aller plus loin dans cette escapade ?

Yuyu tardait à donner de ses nouvelles, occupée journellement alors il entrait dans une angoisse insoutenable, espérant chaque jour que la maman puisse passer le cap de son accident, jusqu'à la vielle de son départ. Enfin, tout cela fut vite devenu une histoire sans gravité extrême et la maman fut de retour au foyer. C'était vraiment une sorte de cadeau de bienvenue, une douceur envahissait son cœur. Elle l'attendra à son arrivée à l'aéroport de Baiyun, comme à leurs deux précédentes rencontres, une habitude, pour un épisode supplémentaire attaché à leur amour. Yuyu mettait au point les derniers détails pour que sa mère soit confortablement entourée. Elle lui assurait le nécessaire et la sachant satisfaite, elle pouvait donner libre cours à ses émois.

Son cœur battrait-il encore sa chamade comme avant ? Aurait-elle encore cette émotion quand elle verrait sa grande carcasse se pencher sur elle pour l'embrasser ? Et puis pourquoi toutes ces questions ? Il ne l'avait jamais déçue au contraire, il l'avait toujours surprise avec des cadeaux et cette façon si douce de lui prendre la main. Ses sentiments n'avaient jamais changé. Cet étranger avait cette force et cette virilité qui la rendaient incapable de résister à son charme.

Tenaillé par la peur d'un déclenchement inopiné d'une crise, le voyage s'annonçait difficile pour Bùbù, mais sa foi était grande. Il avait passé des moments de doute. La diplomatie gouvernementale l'emportait et le chef d'État Sarkozy avait dit qu'il serait présent à la cérémonie d'ouverture des Jeux, peut-être les plus contestés depuis ceux de Berlin en disant :

« – on ne boycotte pas un quart de la population mondiale », avait-il dit à tous ses détracteurs. La France montrerait ses couleurs...

Sur Pékin, la pollution masquait le ciel d'une sombre toile grise. Les athlètes devaient-ils subir ce fléau moderne ? Les performances seraient-elles diminuées, à cause de ces nuisances néfastes pour la santé ? Un souci bien peu marquant pour Bùbù. Il en riait, il en voyait une image plus désastreuse et piteuse : il imaginait, ces coureurs de fond, de demi-fond, du marathon traversant au milieu de nuages épais, les rues de la capitale chinoise et les gens qui applaudissaient en claquant dans les mains faisant des panaches farineux et opaques avec les fumées d'usines. Des vapeurs âcres et asphyxiantes sortaient des égouts et les sportifs toussant, crachaient sur la chaussée. Paradoxe, quand on sait que le gouvernement avait décidé de punir les auteurs de crachats sur le sol, en flagrant délit. Pendant que son esprit vagabondait, il entrait dans un premier sommeil cotonneux dans l'avion qui allait vers la direction tant attendue. Le Chinois assis dans le siège côté hublot le réveillait par moments. Il toussait et semblait être atteint de phtisie. Il raclait du fond de la gorge avec de grandes poussées rauques et crachait dans un mouchoir. Il possédait un ongle au petit doigt qui mesurait quelques centimètres et il s'en servait pour passer les pages du livre qu'il lisait avec de petites lunettes rondes sûrement pas assez fortes, car son nez touchait presque les feuilles ; il se grattait le crâne avec cet ongle ainsi que les oreilles. Une personne bien peu stylée, presque gênante, qu'il fallait supporter durant tout le voyage. Mais pour Bùbù, cela relevait du détail sans grande importance, contre toute attente, il ignora les faits et gestes de l'inconnu et se rendormait en pensant à son arrivée à Guangzhou. D'ailleurs, ce sont les inconvénients des transports en commun et il en connaissait les problèmes, pour y avoir été confronté plusieurs fois pendant ces périples vers ses différentes destinations. Il avait appris à garder un calme imperturbable devant des situations identiques.

Yuyu était sa seule pensée. Il désirait la retrouver enfin après tant de difficultés. Elle l'attendait fébrilement. Elle regardait tous les arrivants, placés à l'extrémité de la porte, elle ne pouvait pas le manquer. Elle avait laissé sa mère à contrecœur dans sa chaise et après quelques consignes indispensables à la garde-malade, elle avait sauté dans le premier taxi en direction de l'aéroport. Yuyu était une femme de grande qualité et faisait de grands efforts pour donner du bonheur aux gens qu'elle aimait, mais quand elle avait décidé que cela n'en valait pas la peine, elle se faisait entendre. Juste et pondérée, elle pouvait entrer dans des colères soudaines. Avec Bùbù, elle rayonnait et l'enchantement devait continuer. Seule ombre et seul souci étaient sa mère dont le handicap devenait difficile à gérer. L'espace de son petit appartement ne permettait pas la vie à trois et ce problème la chagrinait un peu. Malgré tout, elle espérait pouvoir trouver une solution pour qu'elle puisse vivre son amour pour Bùbù et respecter le handicap de sa mère.

– Ni hao ! Hé ! Bùbù, elle faisait des grands gestes avec les bras. Elle portait un petit maillot mauve qui lui allait à ravir. Sa petite jupette blanche lui donnait des rondeurs exquises. Le regard de chacun d'eux manifestait de la gaieté et du plaisir.

Comme la première fois, il avait rapidement choisi un taxi et un bus. Assis l'un contre l'autre, ils se regardaient sans presque dire un mot. Elle avait chaud, la température sur Guangzhou était élevée en cette fin de juillet et si le soleil jouait à cache-cache avec les nuages, une lourdeur épaisse remplissait les rues de la ville. Il avait réservé un hôtel près de la rivière des Perles : Le Jianghuan, hôtel dans la « Middle Yangjiang Road », cette grande artère avec une vue splendide sur cette même rivière. Yuyu pas trop satisfaite, elle se renseigna sans tarder pour trouver un autre établissement. Lui il renâclait, l'endroit lui convenait. Après une nuit de repos, ils restèrent tous les deux enlacés et décidèrent d'un commun accord de rester. Yuyu ayant marchandé le prix du séjour, ils pouvaient maintenant jouir de tous les instants.

– Wo ai ni, my Bùbù, je t'aime, elle le disait avec le gazouillis d'oiseau qui le mettait tant en émoi.

—I love you! Nous pouvons le dire en trois langues !

–I know Bùbu

–It's good the hotel.

– Shi de (oui !), si tu aimes, moi aussi, Yuyu avait cette jolie frimousse de femme heureuse.

– Ho ! Look the boat is beautiful en se retournant vers la grande baie vitrée et pointant du doigt le Silver Dolphin naviguant vers l'estuaire de la mer de Chine dans une eau verte et moussante.

–You are romantic! s'exclama Yuyu

–Always when with you. I like the China.

—You!

Elle le regardait en souriant, l'air un peu las. Bùbù mit cela sur le compte d'une année difficile dans le lycée. Il se profilait maintenant une année scolaire encore plus prenante pour elle, quand elle en expliqua la teneur. Une petite flamme s'éteignait dans le feu de son regard, une espèce de crainte liée à une grande fierté dans l'accomplissement de la tâche qui lui était demandée.

Bùbù prenait plaisir à filmer le passage des bateaux sur la rivière. Le soir, le spectacle était féerique. La rive opposée éclairée de mille feux changeait les couleurs des rampes aux sons d'une musique imaginaire psychédélique. Les bateaux illuminés miroitaient de tous leurs jeux de lumière dans les eaux noires. Le ronronnement des moteurs jouait de la basse en profondeur dans un bouillonnement incessant laissant pour un moment en surface une traînée éphémère légèrement blanchie de leur entrave. Certaines embarcations étaient luxueusement équipées d'écrans géants à bâbord et à tribord. Bùbù regrettait que l'on y puisse voir que de la Pub. La journée, ce spectacle nocturne ne ressemblait plus qu'à une vue dérisoire sur la rivière, beaucoup moins plaisante et presque terne. Les eaux prenaient parfois la couleur grise du ciel et la composition des nuances était bien triste.

Yuyu révisait ses thèmes pour la rentrée et c'était dans le canapé qu'elle se tenait, en jetant par moment, quelques coups d'œil sur l'écran de la télévision.

La chaleur était très dense dans la ville, voire caniculaire. La climatisation soufflait l'air frais continuellement et le frigo restait en action. Les promenades étaient difficiles, l'implacable lourdeur se lisait sur les visages, l'air imprégnait des odeurs de toutes sortes et le moindre effort suffisait à être dégoulinant de sueur. Le pépin, l'ombrelle n'avaient guère d'utilité. Et c'était dans ce contexte qu'il passait la plupart de leur temps dans cette chambre vaste et meublée d'un entre-deux en bois massif de style anglais datant de l'époque coloniale. Le décor sans être raffiné était de bonne classe. Les deux occupants s'affairaient sur leur ordinateur recevant des nouvelles, surtout Bùbù. Il restait en contact avec sa famille et quelques amis. Une atmosphère calme, heureuse, sans accrocs, presque douillette, confortable. Ils n'avaient qu'à se regarder pour comprendre, ce que l'un voulait de l'autre, et souvent l'envie de se prendre dans les bras, de s'embrasser, de faire l'amour, de se câliner les propulsait dans une spirale envoûtante d'harmonie. C'était toujours un bouquet de tendresse et de surprise parfois. L'aboutissement restait toujours merveilleux, leur amour germait dans l'accomplissement d'une osmose sans faille. Mais les détails du quotidien laissaient quelques égratignures pouvant les faire souffrir. Alors, quand les choses devenaient compliquées, ils contournaient l'un et l'autre les obstacles pour éviter le pire. C'était dans cette mesure où personne ne voulait bousculer l'autre que les arrangements de dernières minutes s'établissaient entre eux. Là, encore ils gardaient leur distance. Yuyu évitait de monter sur ses grands chevaux et Bùbù préférait rire de bon cœur devant les mimiques désinvoltes de sa bien-aimée. Tous les soirs, ils profitaient de l'air plus respirable et la main dans la main, ils suivaient les allées emplies de la foule nocturne, au bord de la rivière. Quelquefois, ils chantaient leur chanson préférée : « Ni wen, wo ai ni you duo shen »... C'était un moment de pur bonheur. Bùbù percevait le flot cadencé de son sang dans son cœur et Yuyu frémissait sur le même ton.

La grande soirée, le 8. 08. 2008 à vingt heures zéro huit (le 8, est un chiffre porte-bonheur en Chine), la cérémonie d'ouverture des Jeux olympiques, ce fut la plus grandiose, manifestement l'une des plus médiatisées de ce nouveau siècle. Une immense clameur mondiale, et malgré les appels au boycott, une cérémonie à la hauteur du peuple chinois. Yuyu criait des « Ayo ! Et des Aya ! Aya ! » conquise et sous le charme. Elle s'exclamait avec toute sa ferveur, tout son enthousiasme. Elle claquait dans ses mains, elle tapait sur les épaules de Bùbù en signe de joie ponctuelle, elle donnait des « Ho ! Ha ! » Bùbù l'observait et regardait d'un œil amusé ses gestes de fierté et de patriotisme exalté.   Le spectacle était monumental et féerique, attendu par certains, jalousé par d'autres. Londres, la prochaine ville anglaise qui accueillera les Jeux, pourrait-elle rivaliser avec le décor somptueux, l'époustouflante masse humaine en mouvement ? La coordination parfaite de centaines de tambours de feux, de cubes magiques avec les variances musicales et de faisceaux lumineux, de drapeaux, d'oriflammes, de la boule humaine en planisphère avec des écritures et de l'envolée du coureur à l'ombre chinoise (de circonstance) parcourant la circonférence du stade pour faire jaillir cette flamme olympique, pour la recueillir ensuite dans un cornet géant à l'extrémité du stade, tout était absolument impeccable ! Les danseurs, les enfants petits et grands, les ballets, les farandoles inédites avaient quelque chose de futuriste, tout en gardant encore une place à cette ancienne culture. Les étincelles des feux d'artifice éclataient et formaient des pas d'homme géant et invisible sur la capitale pour finir par une explosion d'un bouquet aux mille couleurs. Une démonstration de rigueur, de chorégraphie, d'union du peuple chinois. Un spectacle était à la dimension de ce que représente le pays à l'échelle mondiale. Le défilé des athlètes de tous les univers, de tous les horizons, aux costumes chatoyants, régionaux, des millions de sourires et salutations. Les chefs d'État rassemblés pour un instant de pure convivialité, oubliant leurs griefs chacun se réservant de penser autrement, si seul fût leur désir, mais saluant avec respect leur délégation respective. Bùbù y voyait dans la tête de certains des présages peu engageants. Les divisions sur le plan mondial demeureraient les mêmes après ces Jeux. Monsieur Pierre de Coubertin, restait l'homme du jour, pensait Bùbù, ce Français avait réussi à réunir des foules en liesse au-delà de sa mort. Bravo !

  Yuyu ne perdait pas une goutte de cette grande manifestation, elle pointa du doigt, Sarkozy avec humour.

– Hé ! Bùbù, le petit Président ! Hé, hé ! Il a un grand nez comme you. Hé, hé !

– Tu as vu ça ?

—Yes!

Puis, elle continua à suivre avec intérêt la suite du programme de télévision.

Cette soirée allait marquer, une nouvelle tournure dans leur relation. Sans s'en rendre compte, les J.O. allaient jouer un rôle prépondérant dans leur façon de vivre ensemble. Yuyu voulait regarder tous les matches de football féminin et les horaires de diffusion ne correspondaient pas vraiment à une parfaite entente entre eux.

Elle avait décidé d'avancer les repas du soir et la tranquillité en était bouleversée. Bùbù, sous cette contrainte, rechignait. Les émissions télévisées duraient tardivement et la barrière de la langue le désavantageait, alors il attendait patiemment qu'elle soit un peu avec lui, mais il s'endormait sans rien comprendre. La télévision chinoise bombardait les écrans d'images, d'exploits, d'images fortes. Bùbù s'usait les yeux en silence pour être compatissant. Yuyu, absorbée par les flashs et les directs, semblait l'ignorer. Il commençait à se sentir mal à l'aise. Parfois, il s'ennuyait, car elle plongeait rapidement dans ces bouquins de mathématiques pour rattraper le temps perdu. Alors, les jours passaient à une vitesse folle, ils restaient plantés devant le petit écran, mais elle ne jetait aucun regard sur lui. Elle l'ignorait incontestablement. Une ferveur, une sorte d'adoration nationaliste, qu'il ne connaissait pas chez elle. Il se sentait rejeté loin de la lumière des jeux et parfois humilié quand le clan français ramassait « les casquettes et les médailles en chocolat », pendant que les Chinois montaient sur les plus hautes marches de la gloire sportive. Yuyu ne faisait pas la remarque considérant que son pays avait rempli déjà son contrat dans maintes disciplines. Les jeux Olympiques tuaient leur amour en profondeur, alors Bùbù essaya de la sortir de cette emprise, en voulant diversifier les journées. Le football féminin était attrayant. Match après match, les choses empiraient jusqu'à faire de tous les jours des empoignades verbales pour savoir qui allait lâcher. Yuyu voulait, mais Bùbù excédé ne voulait pas faire de son séjour un exode sur une banquette et devant la télévision. Les Japonaises plus incisives sur le terrain mirent fin au rêve des footballeuses chinoises de devenir championnes olympiques. Bùbù retrouvait le sourire pendant un temps, mais la gymnastique, sport très en vue en Chine, remplaça aussitôt le football. Alors les premières tensions et les tiraillements se firent sentir entre eux. Certes, Yuyu aurait aimé qu'il participe avec elle, à la liesse populaire. Elle aurait voulu partager sa joie quand les Français obtenaient une médaille, mais l'or, ce métal tant convoité, partait dans le clan chinois et ridiculisait certaines nations habituées, à recevoir les lauriers.

Bùbù essayait de ne pas montrer sa déconvenue, devant le visage enjoué et rieur de Yuyu qui glorifiait sa nation chaque fois que les Chinois remportaient le titre suprême. C'était vrai, il n'y avait rien à expliquer, juste à constater l'évidence. Le pays receveur était à l'honneur dans diverses disciplines et certains se demandaient jusqu'où irait cette rafle. Heureusement, à l'athlétisme qui se déroulait dans le grand « Nid d'oiseau » la lutte pour les médailles était plus ouverte. La sortie du champion olympique chinois par la petite porte calma les esprits. Impossible pour lui de passer les haies. Un mollet qui fait mal, c'est dans la tête que tout va mal. Le héros national presque un dieu perdait toutes ses illusions et c'était tout un peuple qui pleure sa défaite. Navrant, surtout sans avoir pu défendre son titre sportivement.

L'affaire faisait grand bruit dans les annales sportives. Fallait-il chercher un responsable ? Bùbù était perplexe devant cette extraordinaire mobilisation médiatique. Heureusement, d'autres médailles allaient faire oublier que le dieu vivant ou volant au-dessus de barres de haies avait raté son envol et qu'il était descendu tristement de son piédestal.

La gloire a un goût amer quand elle s'envole. Yuyu assistait sans grande humeur à cette défaite, ne donnant aucun avis. Pour elle, c'était le fruit de beaucoup d'années d'effort non récompensé.

–No good that!

Elle regrettait pour lui. Mais très vite, elle s'intéressait à autre chose, en faisant mine de ne rien comprendre. Silencieusement, elle reprenait ses études mathématiques, allongée sur la banquette. Ils buvaient le thé ensemble. Les jours suivants et pendant les après-midi, leur romance reprenait de la forme et c'était ce que Bùbù désirait. Les J.O. continuaient en diffusant leurs impressionnantes images, illustrant les déboires et les exploits de chacun. Les Américains et les Européens refaisaient surface dans la compétition. Le stade rugissait des clameurs du public.

Dans la chambre, les deux amants reprenaient leurs souffles et leurs ébats, les Jeux étaient mis en sourdine, mais quelque chose avait effiloché le fil qui les reliait. Les petits accrochages, les malentendus avaient gâché un peu leur union, d'une certaine façon, presque insidieusement, le Dieu de l'Olympe avait détrôné Cupidon, déviait ses flèches d'amour par de narcissiques images des Dieux du stade. Mais, Yuyu sentait qu'une fin arrivait, ce quelque chose de plus difficile à combattre dans sa tête. La fin des Jeux, la fin des vacances avec Bùbù. C'était beaucoup à perdre en même temps. Elle regardait le grand gaillard à son côté avec tendresse mêlée à la fois de mélancolie et de tristesse. Après les exaltantes ferveurs pour sa nation après des Jeux tant attendus et tant décriés, la vie devait continuer, leur histoire d'amour en marge de l'Olympe que devenait-elle ?

Depuis quelques jours, elle enchaînait les messages avec ses sœurs et chaque fois, elle en tirait une mine catastrophique. Pour elle, une insidieuse affaire se tramait, ses sœurs de surcroît très gentilles lui répondaient. Voyant que les explications ne lui plaisaient pas, elle renvoyait un autre message. Le lendemain, les échanges recommençaient. Les choses n'étaient pas très claires et pas très transparentes dans l'Empire du Milieu.

À Chongqing, sa sœur cadette (mei mei) semblait ne pas répondre aux questions posées et Yuyu se fâchait en lisant l'écran du téléphone portable. Ses grands ongles picoraient nerveusement les touches de son appareil à la recherche des meilleurs mots, les caractères chinois se dessinaient à une vitesse folle transmettant rapidement leur version sur la grille du pinyin. Dans ses yeux, la détermination d'en découdre se lisait, alors elle laissa tomber son enthousiasme olympique. Quelques jours encore, en effet, leur séjour « dans la chambre à coucher » se terminera avec la cérémonie de fermeture des Jeux.

Elle regardait Bùbù d'un œil interrogateur et puis sans se repartir, elle le toisait, espérant qu'il comprendrait ce qui se passait. Elle le rassura le soir même, elle le combla de toute sa féminité, regrettant, qu'il fasse si peu long feu. Il avait visité une nouvelle fois « la grotte du tigre blanc », mais sans grandes prouesses. Il avait consacré beaucoup d'énergie pour conserver son potentiel viril, ces derniers temps et son instinct vital étaient en baisse.

Il lorgnait le téléphone portable toute la journée attendant le signal d'un nouveau message, qui allait encore le rendre soupçonneux, jaloux, méfiant. Ce langage si difficile, indescriptible, comment aurait-il pu le décortiquer, le décrypter ? Était-ce vraiment ses sœurs qui envoyaient des missives ? Pourquoi pas un autre homme ? Yuyu n'était plus une yuppie, elle avait l'âge de se caser. Le drame était qu'elle refusait de s'expliquer, compliquant un dialogue déjà difficile, le rendant plus mystérieux aux oreilles de Bùbù, complètement exclu de la situation.

Elle soufflait l'air chaud et l'air froid, passant de la bonne humeur à l'embrasement, à une mine pensive, presque aérienne, effacée, puis elle reprenait son sourire avec une sérénité paradoxale. Voulait-elle volontairement garder cette osmose encore présente entre eux ? Elle s'y prenait très mal et Bùbù commençait à la trouver indécente, voir désinvolte devant ses questions très mal accueillies. Les gestes de tendresse perdaient de leur signification et le yin et le yang jouaient de leur triste contrariété dans l'alcôve saupoudrée d'un étrange malaise. Yuyu essayait de convaincre sa famille, sa mère, et ses sœurs qu'elle ne se perdait pas comme une vulgaire « ta ma, jinü, ». Elle voulait que l'on aide à avoir une vie normale avec la personne qu'elle aimait. Sa mère handicapée donnait des signes peu encourageants pour la suite. Le travail au lycée ne permettait plus aucun relâchement. Elle semblait perdre confiance. Pouvait-elle expliquer le sens profond presque unique de la famille chinoise ? Les plus jeunes devaient soutenir les parents et cela semblait presque immuable. Peut-être qu'elle avait une envie de conserver pour les derniers jours, les dernières heures, minutes et secondes, le lien encore bien intact qui les réunissait. Cette histoire d'amour si peu ordinaire, cet amour si grand, si beau, si rare dans une vie, rien que pour cela, elle voulait prolonger le moment ? Continuer la romance et on verrait après ? Après quoi ? Que Bùbù reparte vers cette inconnue, cette île, loin là-bas. ? Il n'avait rien proposé pour elle, rien qu'elle puisse prendre comme une bouée de secours. Elle n'avait rien exigé ! Rien. Allait-il se contenter de revenir régulièrement comme un passant, dans cette chambre ou une autre, un autre endroit, un autre hôtel ? Ce n'était pas ce qui manquait dans Guangzhou. Mais combien de temps allait durer cette comédie ? Pourrait-elle faire comprendre à son entourage, à ses amis, à ses proches, cette faiblesse amoureuse ? Avouer sans détour cette complicité avec cet étranger ? En voulait-on de cet homme dans cette famille aux mœurs ancestrales ? Racisme ! Personne n'en parle, les Européens très minoritaires, ont-ils leur place dans le grand chamboulement de cette terre asiatique ? Un pourcentage de Chinois pourrait-il répondre à cette question très gênante et même embarrassante pour certains d'entre eux ? La Chine était-elle une nouvelle terre d'asile ?

Elle devait rejoindre une des sœurs à Chongqing le lendemain du départ de Bùbù. Une note à payer, à partager : celle de l'hôpital. Qui devait prendre en charge la maman ? La question était posée. Yuyu attendait une réponse, mais elle était en mauvaise position, elle supportait cette charge sans aucun problème, mais l'accident survenu avant ses vacances avec Bùbù avait changé la donne et assombri son avenir.

Bùbù ignorait tout de la trame et cherchait une autre raison quand Yuyu, manifestement, dépassa la limite de ce qu'il pouvait supporter entre les exigences pour regarder les matches à la télévision et cette fébrilité infernale à passer une multitude de coups de téléphone et de messages.

Ils allaient se coucher quand il cria :

—Yuyu, what, why, the phone, what? What?

–None! None!

–What mean? C'est quoi ?

Alors, elle avait envoyé le mobile sur le lit dans une exaspération longtemps retenue.

– je casse lui, its best ! Tout en le ramassant et le rejetant sur le lit. Do you know my problem, no good for you, understand me?

– ?

Elle avait crié allongée sur le lit, ses deux jambes se sont détendues comme des ressorts, comme si elle voulait repousser les faits, le diable qui envahissait cette chambre. Elle avait dessiné pendant cette minute de colère sur son visage un masque de dureté implacable. Il ne l'avait jamais vue aussi brutale dans sa réplique. Puis comme par magie, elle retrouva ce teint agréable de femme amoureuse et soumise. Il se sentait complètement désorienté devant tant de changement d'humeur. Il aurait bien posé une série de questions, mais un sentiment d'impuissance se développait en lui ostensiblement. La crainte d'une dispute qui n'aboutirait sûrement qu'à une finalité qu'il ne voulait pas voir mûrir ni même entrevoir.

Il mélangeait son désarroi à d'autres réflexions d'ordre plus populaire, à d'autres, plus personnels, cherchant une issue digne de leur amour. Il s'enlisait dans une profonde déconvenue, une sorte de désenchantement. Yuyu voyait les choses pragmatiquement. Elle restait statique. Elle essayait de rattraper les méfaits de la discorde en usant un peu de son charme auprès du Français en train de réfléchir l'importance et à l'existentiel de leur relation.

La romance avait pris un coup dans l'aile et Cupidon ne tirait plus ses flèches. Les oppositions du yin et du yang s'équilibraient dans une tourmente d'incompréhensions.

Dans la « chambre à coucher », une petite onde de chocs des cultures traversait l'espace laissant les deux amants médusés par leurs comportements respectifs. Le trouble s'installait, car Yuyu se battait pour obtenir une liaison sans faille et Bùbù, lui, glissait dans une sorte de mélancolie.

C'est alors que Bùbù ressentit ses premières douleurs dans les entrailles et dans le dos celles qu'il avait complètement oubliées... Des symptômes alarmants, des aiguilles le traversaient. Il cacha le mal.

Ce jour-là, les choses n'étaient pas allées plus loin, et Bùbù suggéra une promenade en bateau sur la rivière entre rives et buildings, la nuit, au milieu des éclairages géants des spots publicitaires. Yuyu était ravie. Le jour de l'embarquement, Bùbù commanda un repas à prendre, à l'avant sur le pont supérieur du bateau.

Ils avaient oublié les griefs de cette soirée mouvementée, mais Yuyu recevait régulièrement des messages de ses sœurs et Bùbù semblait ignorer les interventions familiales. Yuyu semblait très préoccupée par le problème. Quand elle parlait avec sa mère, elle gardait son calme, mais un autre soir, elle avait raccroché violemment le combiné, après avoir encore une fois donnait le ton concis et succinct à sa requête.

Entortillée dans une nébuleuse et sombre histoire entre ses sœurs et elle, elle avait encore crié :

— It's not possible? Shit!

— What mean Yuyu?

Elle avait souri, cela lui allait si bien puis elle garda le silence. Elle avait évité une deuxième poussée de colère qui aurait envenimé leur relation.

Les Jeux olympiques se terminaient, toujours avec cette ferveur inlassable du peuple chinois, mais pour la belle Yuyu, ses cris de joie et de peine avaient cessé. Ses *Ayo,* ses *hé ! Yo !* ses *Aya* ne se faisaient plus entendre dans cette chambre qui cachait sombrement un peu de clandestinité amoureuse.

Les puristes, les traditionalistes, les conventionnalistes, ceux de la famille avaient-ils accepté jusque-là, cette trilogie amoureuse ? Voulaient-ils maintenant donner leur avis, un sursis à cette liaison, un accord tacite non reconduit ? Les brimades au travail, le surplus qu'elle subissait ne seraient-ils pas le fruit d'une jalousie intestine ? Sinon, pourquoi cette intensive manipulation téléphonique de la part de l'école où elle enseignait ? Ce sont ces questions qu'il aurait aimé lui poser, toutes ces questions qui restaient en suspense. La famille et le travail, un partage de tous les instants. Des injures peut-être, des moqueries ensuite, des railleries concernant son comportement de femme, excentrique, voire volage ? Pourquoi cette liaison avec un étranger ? La honte de l'établissement, comment pouvait-elle parler encore d'éducation avec dignité, intransigeante ?

Une question de rang peut-être ?

Bùbù connaissait la formule, une femme doit rester dans le droit chemin, si elle ne veut pas qu'on lui gâche la vie. Il était bien malheureux, ne sachant comment se faire apprécier par l'entourage familial de Yuyu. Au terme de son séjour, il joua tout simplement la carte du romantisme.

Il proposa donc cette promenade en bateau sur la rivière des Perles. Elle accepta avec le sourire, mais elle semblait perdue dans ses pensées. Bùbù sentit à ce moment-là qu'elle lui échappait un peu, mais sans se formaliser plus que cela. Un possible redressement de la situation pouvait être envisagé, car il avait une grande confiance en Yuyu. Elle savait mener sa barque, sans encombre contre vents et marées. Alors, un peu de bonne foi et d'optimisme que diable! se disait — il.

D'ailleurs, elle l'avait aidé dans ses démarches pour l'obtention des billets. Elle avait mis un point d'honneur à discuter des prix comme à son habitude.

Ils choisirent l'un des plus lumineux, on aurait dit un gâteau d'anniversaire flottant avec ses bougies formées par les poteaux du bastingage. Les reflets roses et violets remplaçaient le parfum de framboise. Bùbù avait fait rapidement la comparaison et souvent le soir, il avait remarqué son passage et l'envie lui était venue de naviguer sur ce gros biscuit alléchant de romantisme sur une liqueur de réglisse. Mais, bien entendu, l'imagination en restait là et Bùbù souriait de cette analogie gourmande.

Ce soir-là, la chaleur était très épaisse, l'air presque irrespirable et les vêtements collaient à la peau, mais ils prirent place sur le pont avant, et un peu de fraîcheur se fit sentir apportant un léger souffle de brise.

Ils avaient pris le repas comme prévu sur le pont avant où quelques douceurs les attendaient. Et le bateau bouillonnait de ses hélices. Il entravait dans le calme du soir les eaux noires et étincelantes de la rivière qui s'ouvrait d'une parure mouvante, comme une robe de soirée couverte d'or et de paillettes. La rivière donnait la lumière du bal. Les buildings miroitaient de leurs gigantesques images furtives et brillantes et de leurs spots géants. Mélanges d'espaces colorés et scintillants, spectacle de la rue, de la ville : ponts et rives sucrés de l'éclat des illuminations.

Yuyu semblait loin comme détachée de l'environnement. Adossée au bastingage, elle regardait le show. Elle éclatait de splendeur. Le jeu des lumières s'effaçait ou se temporisait sur le blanc de perle de son visage. Ses cheveux flottaient sous le souffle chaud du soir, elle ressemblait à l'héroïne du *Titanic*. Les deux mains serrant la main courante, elle respirait inspirant l'air de ses deux narines, comme si elle allait dire quelque chose d'important. Elle voulait parler, crier, exhorter la défense de son amour, mais rien ne sortait de sa bouche entrouverte. Bùbù restait assis et prenait quelques photos. Il ressentait une gêne inexplicable. Les derniers jours avaient entamé sa grande confiance. Le trouble et le doute torturaient son esprit. Depuis bien longtemps, il n'avait pas eu à se faire de soucis, tout était linéaire et sans écueils. Un parcours trop parfait dans ce monde si cruel parfois. Il appréciait cette escapade, avec Yuyu. Il paraissait heureux. Et cette chanson qui lui trottait dans la tête comme complainte émouvante :

La lune reflète mon cœur.

'Ni wen wo ai ni you duo shen…

Bùbù, perdu dans ses pensées les plus accablantes, semblait entendre fredonner ce refrain continuellement dans le bruit des moteurs et de la rotation des hélices alors, il se laissait bercer dans le murmure en regardant la belle Yuyu.

À ce moment-là, il se dit qu'elle n'avait pas choisi de lui fredonner cette chanson sans raison. Il se réveillait avec cette évidence. Il n'avait pas porté une grande attention à ce message. Il était persuadé d'avoir fait une grave erreur en n'y répondant pas…

« Tu me demandes de quelle profondeur je t'aime. » S'était-il posé la question ? De quelle façon Yuyu l'aimait-il ? Il pensa qu'elle l'aimait sincèrement. Mais n'était-ce pas là un peu prétentieux de sa part ? Les grands amours survivent-ils aujourd'hui que par le mot : amour ? Il en doutait.

La chaleur lourde, très tardive, poissait et gommait un peu le côté romantique de l'excursion quand le bateau s'amarrait aux quais. Une pellicule de sueur faisait briller les visages sous les pénombres arborées de la rive.

C'était un peu comme si le désordre était entré dans leur couple. Tout cela n'avait rien d'apaisant. Le bateau achevait sa manœuvre pour accoster et cette soirée prenait fin sans grand enthousiasme pour les deux amants : l'eau avait coulé sous les ponts de la Rivière des Perles, pensait Bùbù… Mais rien ne pouvait altérer leur liaison.

Yuyu était un peu plus fuyante qu'à l'habitude, mais respectait l'homme, celui qui lui avait ouvert une nouvelle voie vers le plaisir des sens, une nouvelle confiance en elle. Mais, elle n'acceptait pas dans son cœur qu'il puisse repartir vers ce qu'elle ignorait, un autre continent, une autre vie, de partage peut-être avec une autre féminité. Elle avait ressenti à l'instant cette douleur impitoyable. Elle se pencha dangereusement au-dessus de la rampe et semblait d'un geste désespéré se laisser tomber de tout son corps dans le vide noir de la rivière.

Bùbù se précipita sur elle en la bloquant aux hanches fortement, elle se débattit un instant. Il lui cria,
– Non, non Yuyu, pas ça pas ! Pas ça, je t'en supplie, non !

Il l'attira à lui la retournant et l'enlaça solidement. Ils pleurèrent ensemble.

Tout cela n'avait rien de rassurant. Cette tentative de suicide était un appel, un ultime chagrin.

Demain, il repartirait, Yuyu l'attendrait, il reviendrait et peut-être qu'un jour ils se marieront. Ni bouvier ni tisserande ! Bùbù n'avait plus le temps de se racheter une conduite.

Le livre qu'il écrivait avec ses sentiments, son sang et son âme ne pouvait pas avoir une fin. Rien que de penser à cette fin, cela lui faisait horriblement mal. Il pourrait l'imaginer, la provoquer pour qu'elle soit triste ou douce, à l'eau de rose, complètement réelle. Suivre son destin ? L'idée que le courage pouvait lui manquer pour l'achever, y mettre une dernière phrase était insupportable. Ce livre était une histoire d'amour insolite dans la postmodernité chinoise. La moindre allusion prosaïque de la dernière page de sa part et tout pouvait paraître prémonitoire. Ce roman devenait une complication supplémentaire et le ligotait dans son comportement. La réalité est facile au passé simple, la vie au présent est un perpétuel passé. Alors, il le projetait dans la perspective d'un avenir serein ou rien ne se passerait où les chapitres deviendraient lassants. Pourquoi écrire ce livre maintenant ? Pourquoi ne pas avoir attendu, l'écrire plus tard, prendre du recul, analyser, décortiquer, suggérer ? Une torpeur envahissante l'étreignait. Pourquoi pas cette fin brutale, courte, décisive et irrévocable ? N'était-ce pas assez dramatique ?

Yuyu était cette femme du bout du monde comme beaucoup d'autres, comblant une triste vie de contraintes et bien monotone parfois. Elle lui avait redonné le goût à la vie. Et si aujourd'hui des barrières sociales, politiques, humaines et peut-être racistes se levaient contre eux, ils auront pendant un temps transgressé toutes les opinions, les morales, les interdits et les lois qui gouvernent leur pays.

L'idylle universelle probablement peu commune devait se terminer, mais valait bien qu'elle soit écrite !

Le lendemain, nous étions le 24 août 2008, c'était la cérémonie de clôture des Jeux olympiques avec l'extinction de la flamme qui brillait encore dans le *Nid d'oiseau.*
Dans le ciel de la Chine, tout s'éteignait.

Yuyu et Bùbù avaient, sans se le dire encore, choisi ce jour symbolique pour éterniser leur amour en un adieu des plus graves et des plus solennels.

Ils ne se sont jamais revus.

239

Le chant de la lune

Le chant de la lune

241

Le chant de la lune